Coordenação Editorial
Márcia Rizzi
Marta Oliveira França
Francisco de Assis Mendes

RECURSOS HUMANOS
LIDERANDO AS TRANSFORMAÇÕES DO NEGÓCIO
Perspectivas e Tendências

© LITERARE BOOKS INTERNATIONAL LTDA, 2023.

Todos os direitos desta edição são reservados à Literare Books International Ltda.

PRESIDENTE
Mauricio Sita

VICE-PRESIDENTE
Alessandra Ksenhuck

DIRETORA EXECUTIVA
Julyana Rosa

DIRETORA COMERCIAL
Claudia Pires

DIRETORA DE PROJETOS
Gleide Santos

EDITOR
Enrico Giglio de Oliveira

EDITOR JÚNIOR
Luis Gustavo da Silva Barboza

ASSISTENTE EDITORIAL
Felipe de Camargo

REVISORES
Ivani Rezende e Sérgio Ricardo do Nascimento

CAPA E DESIGN EDITORIAL
Lucas Yamauchi

IMPRESSÃO
Gráfica Paym

Dados Internacionais de Catalogação na Publicação (CIP)
(eDOC BRASIL, Belo Horizonte/MG)

R311　Recursos Humanos: liderando as transformações do negócio / Coordenação Márcia Rizzi, Marta França, Francisco de Assis. – São Paulo, SP: Literare Books International, 2023.
184 p.: foto.; 14 x 21 cm

Inclui bibliografia
ISBN 978-65-5922-633-7

1. Administração. 2. Recursos humanos. 3. Sucesso nos negócios. I. Rizzi, Márcia. II. França, Marta. III. Assis, Francisco de.
CDD 658.4

Elaborado por Maurício Amormino Júnior – CRB6/2422

LITERARE BOOKS INTERNATIONAL LTDA.
Rua Alameda dos Guatás, 102
Vila da Saúde — São Paulo, SP. CEP 04053-040
+55 11 2659-0968 | www.literarebooks.com.br
contato@literarebooks.com.br

Os conteúdos aqui publicados são da inteira responsabilidade de seus autores. A Literare Books International não se responsabiliza por esses conteúdos nem por ações que advenham dos mesmos. As opiniões emitidas pelos autores são de sua total responsabilidade e não representam a opinião da Literare Books International, de seus gestores ou dos coordenadores editoriais da obra.

MISTO
Papel produzido a partir de fontes responsáveis
FSC® C133282

SUMÁRIO

5   PREFÁCIO
Márcia Rizzi

7   EMPRESAS COMO ESPAÇOS EDUCACIONAIS
Márcia Rizzi

17   O RH 4.0 E SEU IMPACTO NAS ORGANIZAÇÕES
Marta Oliveira França

31   LIDERANÇA INCLUSIVA: ACOLHENDO, RESPEITANDO E VALORIZANDO AS PESSOAS
Francisco de Assis Mendes

43   O RH NA EMPRESA FAMILIAR: É MELHOR SER FELIZ OU TER RAZÃO?
Alexandra Pereira da Cruz Cantante

55   LIDERANDO EM UM MUNDO DE TRANSFORMAÇÕES INFINITAS
Alexandre Stigert

67   O PODER DA MENTALIDADE EMPREENDEDORA EM PROCESSOS DE MUDANÇA
Ana Luiza Cassalta

77   A ESSÊNCIA DO RH
Ana Rachid

89 RESULTADOS SURPREENDENTES DEPENDEM DE ATITUDES INTELIGENTES
Celiane Priante

99 O COMPORTAMENTO HUMANO E SUA INFLUÊNCIA NAS RELAÇÕES DE TRABALHO E NO *COMPLIANCE*
Cleber Izzo

109 COMO O SALÁRIO EMOCIONAL E O PROCESSO HUMANIZADO IMPACTAM O RESULTADO DO RH DA EMPRESA
Eliza Furukawa

119 ESTRATÉGICO PARA OS NEGÓCIOS
Fernanda Fuzinelli

129 RH: PARCEIRO ESTRATÉGICO NO DESENVOLVIMENTO DE LIDERANÇAS
Lauro Escaño e Dora Oliveira

139 QUAL É A EXPERIÊNCIA QUE VOCÊ, COMO LÍDER, QUER PROPORCIONAR ÀS PESSOAS DO SEU TIME, AOS SEUS PARES E À SUA ORGANIZAÇÃO?
Maiane Bertoldo Lewandowski

151 TRANSFORMAÇÕES TAMBÉM EM RECURSOS HUMANOS
Paulo Magalhães Sardinha

163 PROPÓSITO DE VIDA E CARREIRA
Silvana Aquino

PREFÁCIO

Com alegria lhes apresento o livro *Recursos humanos liderando transformações do negócio: perspectivas e tendências*.

Nesta obra, mergulharemos em um universo em constante transformação, onde o setor de Recursos Humanos tem desempenhado papel cada vez mais estratégico e impactante nas organizações.

Nos últimos anos mudanças significativas atingiram o setor do RH, impulsionadas pela rápida evolução tecnológica, pela chegada de novas gerações de profissionais e pelas demandas de um mercado competitivo e volátil. Tais transformações tem exigido dos profissionais de RH uma adaptação ágil e mentalidade aberta frente aos desafios diários.

O livro *Recursos humanos liderando transformações do negócio: perspectivas e tendências* surge como resposta a essas mudanças, trazendo reflexões e sugerindo práticas inovadoras para os profissionais que buscam se destacar. Aqui reunimos um grupo de especialistas e líderes de RH que compartilham suas experiências e visões sobre a transformação do negócio com a parceria de todos os colaboradores.

Ao mergulhar nas páginas deste livro, convido você a refletir sobre as recentes transformações no RH, a ampliar sua visão sobre o papel estratégico que a área desempenha e a descobrir novas maneiras de alavancar o potencial humano em prol do sucesso dos negócios.

Pretendemos que nosso livro seja ferramenta para auxiliar profissionais de RH, gestores e líderes a se adaptarem a esse novo contexto, a enxergarem oportunidades e se tornarem protagonistas na condução das mudanças organizacionais.

Que, *Recursos humanos liderando transformações do negócio: perspectivas e tendências,* seja fonte de inspiração, aprendizado e transformação, capacitando os profissionais de RH a liderar a mudança criando ambientes de trabalho mais engajadores, colaborativos e humanizados.

Desejo a todos uma leitura enriquecedora e uma jornada de descobertas inspiradoras.

Márcia Rizzi

1

EMPRESAS COMO ESPAÇOS EDUCACIONAIS

Uma revolução ocorreu na área de recursos humanos a partir da percepção de que esta poderia contribuir com os resultados da organização. Dentre as múltiplas funções que compõem a área de recursos humanos, abordo, neste capítulo, a T&D, em que as grandes mudanças trazidas pela tecnologia nos levam da andragogia para heutagogia.

MÁRCIA RIZZI

Márcia Rizzi

Contatos
Instagram: @marciarizzi
LinkedIn: Márcia Rizzi

Natural de Pirassununga/SP, reside em São Paulo há quatro décadas. Primeira carreira desenvolvida na Caixa Federal, onde ocupou cargos de liderança por mais de 20 anos. Hoje desenvolve sua segunda carreira como mentora de líderes em empresas nacionais e multinacionais, atuando por meio de processos de coaching e mentoria, treinamentos e programas de desenvolvimento há 22 anos. Criadora dos programas de desenvolvimento de líderes ELAS NA LIDERANÇA, exclusivo para mulheres, e OUSE LIDERAR, para turmas compostas por homens e mulheres. Formada em Direito, Administração e pós-graduações em Administração Pública pela FAAP, Liderança e Gestão Estratégica de Pessoas pela Amana Key e MBA em RH pela USP. *Coach* pelo ICI, IBC e IDPH e *master coach* pelo IMS. Professora MBA de Liderança do grupo Kroton. Coordenadora editorial e coautora em 17 livros pela Editora Literare Books International.

> *Empresas conectadas ao espírito e às demandas de seu tempo, daqui para a frente, se transformarão cada vez mais em espaços educacionais.*
> MARIANA ACHUTTI

Uma revolução na área de recursos humanos ocorreu a partir da percepção de que esta poderia contribuir com os resultados da organização. A área tornou-se menos burocrática, mais leve, ágil e flexível, levando seus especialistas para perto dos demais gestores como consultores internos.

Assim como o corpo humano sobrevive graças à interação de seus sistemas, as organizações buscaram a interação entre a expertise dos profissionais do RH com a expertise dos profissionais das áreas de negócio, desenvolvendo e engajando, juntos, os colaboradores.

Estratégias conjuntas envolvendo o RH e uma área operacional (Finanças, Engenharia, Qualidade, Logística ou outras) bem planejadas para oferecer treinamentos e apoiar no desenvolvimento, elevando a capacitação dos colaboradores, estão entre as ações que contribuem de modo mensurável para o sucesso das organizações.

Educação e informação constituem a grande vantagem competitiva para organizações e para as pessoas. Se no passado as informações pertenciam à cúpula das organizações, hoje o cenário exige que cada colaborador esteja preparado para contribuir onde quer que se encontre. Se antes o gestor era visto como o cérebro da organização e os liderados os braços e mãos, hoje buscamos que todos sejam cérebros, braços, mãos e o coração das empresas.

Perspectivas

1. Todo gestor dentro das organizações é um gestor de pessoas atento ao desenvolvimento dos seus liderados.
2. A forma tradicional de gerenciar pessoas nas organizações está em constante transformação, hoje, vivemos a Gestão humanizada, pautada na empatia e no respeito ao ser humano.
3. A liderança tradicional dá lugar à liderança flutuante, caracterizada pela ausência de um gestor formal, com autoridade outorgada. Neste modelo de atuação um colaborador, seja gerente ou não, lidera a equipe no projeto específico.
4. Nossas universidades não preparam os formandos para gerenciar pessoas, é urgente incluir temas como liderança, equipes de alto desempenho e gestão de conflitos.
5. No ambiente organizacional, treinamento e desenvolvimento são ferramentas poderosas de capacitação e transformação.
6. O termo recursos humanos me soa inadequado, e não é de hoje, pois assim consideramos as pessoas como algo que utilizamos, falo por mim, não gosto de me sentir um recurso, algo de utilidade. São muitas as empresas que já trabalham com outro título:
- Gestão do talento humano.
- Gestão de pessoas.
- Gestão dos colaboradores.
- Gestão do potencial humano.

São alguns exemplos com os quais já nos deparamos.

Na sua empresa, como é o título dado à área de recursos humanos? Na apresentação deste capítulo, você encontra meus contatos; ficarei feliz em receber sua resposta.

T&D

Dentro das organizações eu, Márcia, "me encontrei" na área de T&D. Treinamento e desenvolvimento é, de longe, a área com a qual mais me identifico profissionalmente, com destaque para desenvolvimento de líderes.

Percebi essa vocação natural logo nos primeiros anos da carreira gerencial em um grande banco. Ao finalizar esta primeira carreira, fiz do desenvolvimento de pessoas na área comportamental meu foco como segunda carreira. Lá se vão mais de 20 anos de dedicação exclusiva ao desenvolvimento de pessoas nas organizações.

Quando pensamos em ambiente acolhedor e harmonioso para desenvolver as atividades profissionais, sabendo que melhores resultados advêm da convivência pacífica entre os colaboradores, é caminho seguro considerar treinamentos, como: comunicação assertiva, boas práticas de liderança, gestão das emoções, gestão de conflitos, negociação, etc.

É comum que a equipe de T&D conte com estrutura reduzida, faça parte da área de recursos humanos e preste consultoria às demais áreas da empresa, também que as organizações terceirizem as entregas dos treinamentos. É nesse momento que chego às organizações para planejamento e entregas.

Você sabe dizer qual é a diferença entre treinamento e desenvolvimento?

Treinamento: ações com começo, meio e fim. Passam informações que serão aplicadas na rotina profissional. Trabalho com a **Andragogia**, metodologia para o aprendizado de adultos. Andragogia, do grego *andros*, significa "adulto", e *gogos*, relacionado ao verbo "educar", é uma terminologia proposta pelo filósofo norte-americano chamado Malcolm Knowles, na década de 1970, que percebeu a experiência de vida ser parte do aprendizado do aluno já na fase adulta. As empresas investem em cursos e treinamentos buscando associar sua visão e seus valores aos trabalhadores e suas práticas, utilizando o conhecimento adquirido ao longo da vida em tarefas cotidianas relacionadas ao ambiente laboral. Dentro da metodologia Andragogia, utilizamos músicas, vídeos, trechos de filmes, jogos, dinâmicas, testes, exercícios, teatralização, gamificação, aula expositiva interativa etc. Exemplos: cursos, *workshops*, palestras, dentre outros.

Com a migração do meu trabalho para o ambiente on-line, desde o distanciamento social, com a evolução da tecnologia, comunicação e as inovações propiciadas pela educação a distância, ganha força a metodologia **Heutagogia**, prática emergente na educação de adultos. A palavra vem do grego com a combinação de *heuta* (auto) + *agogus* (guiar), o que sugere um processo de autoaprendizagem ou de aprendizagem autodeterminada. Ou seja, os alunos procuram, por vontade própria, aprender, buscando ajuda quando necessário; é a prática de um método mais ativo de ensino, em vez de receptivo. Esse novo modelo de estudo se baseia em equipamentos modernos e atualizados constantemente, distribuindo artigos, textos científicos e vídeos disponíveis na internet, criando certa independência e facilidade de acesso a esses meios.

De fato, quando falamos em heutagogia, estamos pensando em ensinar o aluno a aprender. A comparação com metodologias tradicionais talvez ajude a compreender esse modelo de aprendizagem que ganhou notoriedade recentemente. Na pedagogia, por exemplo, as ações estão concentradas nas mãos do professor, agente que decide o que e como ensinar a partir de um currículo padronizado com temas e matérias predeterminadas. Nesse caso, o ensino é preponderantemente teórico e didático, cabendo pouca relevância para as experiências dos alunos.

Já na andragogia – metodologia proposta na década de 1970 por Malcolm Knowles, apropriando-se de um termo criado anteriormente pelo alemão Alexander Kapp –, ainda é o professor quem determina o conteúdo a ser estudado. Mas cabe ao aluno escolher a maneira como vai aprender. Desse modo, o professor exerce o papel de facilitador, ao passo que a responsabilidade pela metodologia de aprendizagem é do estudante.

A heutagogia, por sua vez, dá um passo à frente. Aqui estamos diante de um modelo no qual o indivíduo (aluno) é responsável pela busca do conteúdo e escolha da metodologia ativa de ensino. O professor continua exercendo a função de facilitador, como acontece na andragogia, pronto para oferecer suporte ao estudante, porém só entrará em cena se o aluno desejar e requisitar sua ajuda. Isso incentiva o desenvolvimento de indivíduos autônomos – isto é, o aluno como agente principal do próprio aprendizado. A heutagogia está diretamente vinculada à evolução da tecnologia da informação e comunicação e, consequentemente, às inovações propiciadas pela educação a distância.

Desenvolvimento: tem por objetivo a aquisição e/ou aprimoramento de competências diagnosticadas no PDI (Plano de Desenvolvimento Individual). Requer tempo e dedicação maiores, por exemplo, 6 meses ou até mais. Considera a individualidade do colaborador, bem como seu desejo de se transformar.

O mestre Idalberto Chiavenato, em seu livro *Gestão de pessoas, o novo papel dos recursos humanos nas organizações* (2020), simplifica a distinção entre treinamento e desenvolvimento:

O treinamento é orientado para o presente, focalizando o cargo atual e buscando melhorar aquelas habilidades e competências relacionadas com o desempenho imediato do cargo.

Desenvolvimento de pessoas focaliza em geral os cargos a serem ocupados futuramente na organização e as novas habilidades e competências que serão requeridas.

Do ponto de vista do tempo, o treinamento tem foco em ações pontuais, de curto prazo, enquanto o desenvolvimento se destina ao longo prazo, com práticas que visam auxiliar o colaborador no seu crescimento profissional.

Treinamento e desenvolvimento oferecem aos colaboradores oportunidades para adquirirem e/ou aprimorarem conhecimentos técnicos (*hard skills*) e/ou comportamentais (*soft skills*).

As ofertas são inúmeras, considerando o ambiente on-line, que multiplicou as universidades corporativas e o mercado em geral; nunca se ofertou tantas oportunidades para quem deseja se desenvolver.

Percebemos claramente que a educação está cada vez mais fazendo parte da cultura organizacional, o que é altamente positivo neste cenário de mudanças constantes.

A consultoria interna, abordada em outros capítulos deste livro, veio para fortalecer a área de RH, aproximando-a ainda mais dos parceiros das demais áreas da organização e do negócio como um todo. Cada área, dentro do seu papel, com a colaboração mais próxima do RH, soma esforços visando à performance organizacional. Neste modelo, já colhemos resultados evidentes – quanto mais investem na capacitação de seus colaboradores, mais sucesso as organizações têm.

Tendências

Na revista *Exame*, edição de dezembro de 2021, nos deparamos com a afirmação a seguir, com a qual concordamos: "Empresas conectadas ao espírito e às demandas de seu tempo, daqui para frente, irão se transformar cada vez mais em espaços educacionais".

A matéria assinada por Mariana Achutti continua. Se lá atrás os alicerces da aprendizagem corporativa estavam calcados em garantir baixa rotatividade e alta produtividade entre funcionários, agora é preciso ir além. Da equipe ao consumidor final, passando pelos prestadores de serviços, a educação corporativa do futuro olha para todos os *stakeholders* e transforma o mundo, para além do negócio. É esse o novo posicionamento que chamamos de empresa escola.

Tal qual a visão anterior de educação corporativa, esse novo *mindset* também opera na lógica ganha-ganha. Para a sociedade, fica a circulação de um saber de qualidade, proporcionada não só pelo ensino formal, mas também por empresas engajadas com o compromisso de entregar a seus ecossistemas o conhecimento que detêm. Para a corporação, a benesse vem de um reforço de vínculo entre seus *stakeholders*, aumentando o valor da marca e garantindo maior sustentabilidade relacional e financeira para o negócio.

As empresas como espaços educacionais alavancam a inovação, suprem os conhecimentos, as habilidades e as atitudes para o desempenho atual, no caso do treinamento, e prepararam as pessoas para posições mais complexas ou, no caso do desenvolvimento, para carreiras diversas.

Nesse cenário, a área de T&D, em sinergia com as áreas operacionais, leva-nos a liderar as transformações do negócio.

Referências

ACHUTTI, M. Daqui para frente, toda empresa será uma escola. *Revista Exame*, edição de dez 2021.

CHIAVENATO, I. *Gestão de Pessoas, o novo papel dos recursos humanos nas organizações*. São Paulo: Atlas, 2020.

COUTINHO, J. P. *Repensando o RH: ágil, diverso e exponencial*. Porto Alegre: Caroli, 2022.

O RH 4.0 E SEU IMPACTO NAS ORGANIZAÇÕES

A tecnologia vai reinventar o negócio,
mas as relações humanas continuarão
a ser a chave para o sucesso.
STEPHEN COVEY

MARTA OLIVEIRA FRANÇA

Marta Oliveira França

Contatos
martaxoliveira@hotmail.com
LinkedIn: Marta Oliveira França
Instagram: @afenixdesenvolvimentohumano
11 99794 0959

Graduada em Serviço Social; pós-graduada em Psicologia Organizacional e Gestão de Pessoas; MBA em Gestão Empresarial e *master coach*. Inserida em um cenário global há mais de 25 anos, com uma carreira diferenciada em vários subprocessos de recursos humanos, segue com paixão na busca constante por novos conhecimentos, inovações e metodologias. Apaixonada por contribuir com desenvolvimento profissional de jovens e adultos, desenvolvimento de liderança e *soft skills*. Na organização, atua como parceira estratégica das áreas, contribuindo com o fortalecimento e a sustentabilidade dos negócios. Coordenadora e educadora por mais de 15 anos do programa de voluntariado Formare – aprendizagem técnica profissional de jovens. Facilitadora do Programa Jovens para o Futuro – que identifica potencialidades e orienta jovens sobre mercado de trabalho. Eterna educadora voluntária.

Ao longo da história, a área de recursos humanos passou por diversas fases: contábil, legal, tecnicista, administrativa, estratégica e 4.0 ou digital.

As empresas acompanharam as alterações ocorridas na sociedade ao longo dos anos e, por isso, tiveram que alterar o método de trabalho, expectativas, agregar novos valores, reforçar o respeito aos princípios éticos e regras de condutas legais nas relações com fornecedores, clientes e empregados, garantindo a diversidade, inclusão e equidade, além de gerir o conflito de gerações no ambiente de trabalho.

Diante de tantas mudanças, a área de recursos humanos também precisou evoluir. Neste cenário, o RH 4.0 representa a quebra de um paradigma: desapegar de processos, formas de trabalhar e pensar diferente. Precisamos ser mais leves e, ainda assim, ser estratégico, usar a tecnologia a nosso favor como as demais áreas têm feito rumo a um novo RH: com novas perspectivas e tendências – fazer parte das transformações do negócio e focar nas pessoas.

O *repensar* na organização

Aonde desejo chegar? O que preciso de cada área para alcançar minhas metas? Como o RH pode contribuir nesse processo?

Quais são as necessidades atuais da organização para atingir melhores resultados no próximo ciclo?

Essas reflexões são necessárias para que a organização tenha clareza do que precisará para obter melhores resultados, rumo a uma verdadeira equipe de alto desempenho e, assim, cada área saberá como contribuir. O RH deve fazer parte das discussões que antecedem as decisões estratégicas.

Um negócio é feito de pessoas, por pessoas e para pessoas, mesmo que a essência da organização não seja filantrópica.

O futuro da organização está intimamente ligado à visão, ao comportamento, ao conhecimento e às competências das pessoas que trabalham nela. Ter a clareza do propósito e das metas definidas no plano estratégico é uma das maneiras mais eficazes de engajar para a mudança.

A sociedade moderna exige de cada um de nós uma rápida adaptação às mudanças, oferecendo mais espaço para soluções inovadoras, ambientes de trabalho mais flexíveis e respeitosos para acompanhar as tendências do mundo VUCA-BANI que estamos vivendo. Na prática, notamos mudanças no mercado de trabalho, nos valores das pessoas e outros anseios. Não será mais possível chegar a resultados exponenciais sem mudar a mentalidade da manutenção dos valores básicos e reduzir a burocracia nos processos.

A organização precisa olhar para a forma de pensar, agir, trabalhar, engajar e inspirar pessoas. Acertam as lideranças que estão conseguindo se desapegar, de fato, da forma tradicional de gerir seus negócios, e apresentam comportamentos que representam o compromisso com pessoas e a busca por agilidade e adaptabilidade no dia a dia.

Diante desse cenário, o RH tem um papel importante como um dos protagonistas na formação de uma nova mentalidade e na transformação na cultura organizacional, que impacta desde a alta direção até a base.

A pandemia da covid-19 trouxe como consequência uma volatilidade ainda maior em toda a sociedade; uma crise sanitária, política e econômica sentida no mundo todo. A humanidade se deparou com o inesperado, precisou reagir e conviver com esta situação para se adaptar rapidamente à realidade que estávamos vivendo. Muita coisa deixou de fazer sentido. Não sabíamos nem qual seria o resultado da pandemia nem qual seria o próximo passo, isto é, a incerteza passou a fazer parte do nosso dia a dia. Vivíamos um momento de alta complexidade, no qual não sabíamos nem se as medidas definidas de um dia serviriam para o dia seguinte.

Perdemos muitas pessoas e ninguém estava preparado para lidar com a situação na vida pessoal nem no ambiente de trabalho. A tecnologia invadiu a vida de todos, pois era o único jeito de as pessoas se comunicarem. Muitos recursos tecnológicos foram aprimorados para facilitar a vida de todos e vejo que muitos vieram para ficar, a exemplo das ferramentas digitais de encontros, treinamentos e reuniões on-line. A conectividade foi outro ganho, pois a possibilidade de se conectar com outras pessoas ao redor do globo a qualquer momento é fascinante. E a relação com o trabalho também evoluiu; o trabalho remoto e o teletrabalho foram incorporados oficialmente em diversas organizações, sem falar nas novas profissões que surgiram.

Olhar para trás pode trazer um sentimento de dor e sofrimento. Por este motivo, prefiro refletir sobre o passado com o olhar do aprendizado e das oportunidades geradas. Posso dizer que a adaptação às mudanças não foi uma escolha.

A área de recursos humanos

RH 1.0
Uma área mais burocrática, chamada de departamento de pessoal. Nesta fase, os profissionais atuavam com um viés mais administrativo e burocrático. Voltado para políticas, normas e leis trabalhistas.

RH 2.0
Possui mais subprocessos implementados, mas, ainda, muito manual e caseiro. Uma área que começa atuar como um parceiro de negócios, mas, ainda fortemente conectado às regras, políticas e a legislação trabalhista.

RH 3.0
O papel de business partner é a marca desta fase. Evolução dos processos, com uma dose de tecnologia e uma pitada na redução das atividades operacionais. Nesta fase, o RH possui uma conexão mais forte com as demais áreas do negócio.

RH 4.0
Também conhecido como RH ágil/ digital. Automação dos processos, uso da inteligência artificial. Aproximação do RH com todas as áreas da empresa, fortalecendo os aspectos estratégicos gerenciais do negócio. Foco nas pessoas.

Pelo quadro, podemos perceber que as mudanças foram ficando cada vez mais significativas e a cada fase o RH vem ocupando espaços cada vez mais estratégicos e menos operacionais.

Estamos na era da automação dos processos, do uso da inteligência artificial, uso de *softwares* de gestão da informação, do autosserviço, das centrais de serviço compartilhado, das centrais de *expertise*. As mudanças nos direcionam para as pessoas, transformando o RH em um catalisador das demandas

das áreas, da liderança, dos empregados e das comunidades onde a empresa esteja inserida.

A verdade é que as organizações só alcançarão os lugares que almejam se conseguirem viver na prática os valores e princípios definidos nos quadros e nas apresentações institucionais; só assim, elas sentirão o reflexo deste esforço em sua cultura organizacional.

A cultura do ágil requer uma nova forma de gerir, mais flexível, que proporcione a melhoria contínua nos processos, foco na solução de problemas, na adaptabilidade, eliminação da cultura de culpados. E o RH possui uma experiência incrível, podendo ajudar o líder a sair da mentalidade tradicional rumo a uma liderança mais ágil, humanizada e engajada com seus times.

Ei, profissional de RH, convido você para refletir:

- Das suas atividades, quais podem ser automatizadas? Quais podem ser eliminadas, pois não agregam valor ao cliente ou às pessoas?
- Onde estão os gargalos da área?
- Como anda a comunicação da área com seus profissionais?
- Qual é o nível de satisfação da equipe de RH?
- Quais são as dores dos profissionais de RH?
- Que investimentos faltam na área para que possamos ser mais leves e ágeis?
- O que significa ser ágil e exponencial para você e sua empresa?

Não há profissional que resista a ter que executar milhares de atividades manuais, processos complexos e procedimentos todos os dias e, ainda assim, ter a cobrança eterna por ser mais estratégico, inovador e próximo da liderança, das pessoas etc. Gestor de RH, ajude seu time a respirar novos ares.

Essas reflexões devem ser feitas por todos os profissionais e gestores de RH. Antes de sair criando projetos, ações e atividades mensais, analise se atende mesmo à necessidade do seu público; se o que você está oferecendo atende às dores identificadas e se vale todo o esforço de planejamento, execução e monitoramento. Não tenha medo de abandonar práticas antigas, ou mesmo aquelas que exigem muito e te trazem pouco resultado.

Dedique-se ao que é necessário ou às inovações que estão por vir. O fato é que a mudança chegou e não tem volta. Que tal descobrirmos o que tem por vir e nos dedicarmos a trazer novas ideias ou fazer as coisas simples bem-feitas com valor agregado para as pessoas?

Deixe tempo para que sua equipe possa escutar o seu cliente, possa se aproximar das pessoas e consiga, de fato, oferecer à liderança o suporte que precisa para fortalecer o engajamento e a comunicação com as equipes.

Quando observamos o comportamento das empresas admiradas, o RH contemporâneo mais conectado com a realidade e menos focado em políticas, regras e normas consegue quebrar "silos" e estimular o trabalho colaborativo entre as equipes, agrega estratégias para o negócio com sua visão sistêmica e atua em parceria com todo o time de liderança, incorporando o olhar de pessoas ao negócio. Essas empresas têm algo incomum: já perceberam que a área de RH é uma peça fundamental para os momentos de mudança e devem fazer parte do processo de mudança: das discussões à execução. Nossa área é o elo que pode viabilizar toda esta transformação. Que tal, vamos juntos?

Ao longo dos anos, descobriremos que acertamos em algumas coisas, em outras nem tanto, e que podemos tirar lições aprendidas dos nossos erros. O importante no processo é assumir que ninguém sabe tudo, que ninguém é perfeito e que todos podem errar, inclusive o RH. Dizer "eu não sei" e se mostrar aberto para buscar respostas, soluções e alternativas, de modo colaborativo e em rede, é um sinal de coragem, transparência e humildade. Isso sim são valores do profissional de RH 4.0.

Veja algumas diferenças entre o RH tradicional e o RH 4.0/ágil.

TRADICIONAL	4.0
Recrutamento	**Recrutamento**
O processo de recrutamento e seleção começa quando a vaga já está aberta. Processos manuais, burocráticos e complexos.	Existe uma estratégia de *employer branding* contínua para atrair talentos. Automatizar sempre que possível. Maior valor no potencial que o candidato pode desenvolver, e nos fatores comportamentais.
Treinamento e Desenvolvimento	**Treinamento e Desenvolvimento**
Buscar desenvolver os colaboradores até atingirem o nível de performance desejado. Modelo tradicional de aprendizagem dividindo espaço com diálogos, interações, mas, ainda com a expectativa que um especialista dará as respostas e receitas prontas.	Oferece um ambiente de aprendizado constante, no qual o funcionário possa desenvolver todo seu potencial. O olhar de retenção do capital humano é para qualquer área da organização. Não há perguntas e respostas certas e prontas.
Projeção de Carreira	**Projeção de Carreira**
O cargo e a posição dos funcionários são bem definidos, o que muitas vezes, dificulta que o profissional possa fazer uma transição de carreira para outras áreas. E o plano de desenvolvimento era definido por nível de cargo.	O funcionário consegue uma gama maior de conhecimento em função do modelo flexível de aprendizagem, podendo atuar em várias frentes em seu dia a dia e em diferentes áreas.

Fonte: da autora

O Manifesto Ágil e seus impactos na área de recursos humanos

A metodologia surgiu em 2001, quando alguns programadores da indústria de tecnologia notaram que suas entregas não estavam compatíveis com as necessidades dos clientes e criaram o Manifesto Ágil como uma forma de resolver o problema.

A nossa área precisava se tornar mais ágil e, nesse caso, ágil é agir de modo simples, com qualidade total e foco na satisfação do cliente interno e externo.

Essa metodologia permite que times trabalhem de maneiras multidisciplinares e em rede, e que um projeto possa ser fracionado em etapas de implantação, conhecidas como *sprints*.

Dessa forma, cada fase do projeto acontece de modo mais fluido, permitindo correções e melhorias de maneira rápida ainda durante o processo. Atualmente, a metodologia ágil vai além dos times de tecnologia.

Notou-se que todas as áreas podem utilizar esta metodologia para deixar seus processos mais leves e aumentar a eficiência. Desse documento deriva o Manifesto para o Desenvolvimento Ágil de RH, que mostra como você pode adaptar os princípios do Manifesto Ágil à cultura e ao comprometimento dos funcionários.

MANIFESTO ÁGIL DO RH

Estamos descobrindo melhores formas de desenvolver uma cultura envolvente no local de trabalho e fazendo isso ajudamos os outros a fazê-lo. Através desse trabalho, valorizamos:

MAIS	MENOS
Redes colaborativas	Hierarquia
Transparência	Sigilo
Adaptabilidade	Prescrição
Inspiração e engajamento	Gestão e retenção
Motivação intrínseca	Recompensas extrínsecas
Ambição	Obrigação

PRINCÍPIOS

Apoie as pessoas a serem felizes, se engajarem e crescerem em seu local de trabalho.

Incentive as pessoas a receberem as mudanças e adaptar-se quando necessário.

Ajude a construir e apoiar redes de capacitação, equipes auto-organizadas e colaborativas.

Apoie e sustente a motivação e capacidades de times e pessoas.

Ajude-os a construir o ambiente de que necessitam e confie que farão o trabalho.

Promova o crescimento profissional para aproveitar os diferentes talentos e potenciais dos seus colaboradores.

Fonte: https://www.agilehrmanifesto.org/manifestoparaodesenvolvimentoágilderh

O manifesto acima serve como um norte para traçar a rota do seu planejamento estratégico. A forma mais coerente de passar pela transformação é vivenciar, experimentar coisas novas, novas formas de execução de tarefas, analisar as atividades atuais diante do novo cenário. Use e abuse desse material para fazer análises e definir rotas.

Vale salientar que as empresas que desejam ser ágeis precisam transparecer essa mentalidade ao adotar e praticar as mudanças em todos os níveis da organização – especialmente pelos executivos e times de lideranças com seus liderados. Só aí pode-se dizer que o discurso condiz com a prática. Ser ágil deve estar no dia a dia das pessoas, em suas atitudes e comportamentos, só então a cultura da empresa mudará de tradicional para ágil.

Dave Ulrich, escritor norte-americano e especialista em gestão de pessoas, afirma que o RH deixará de ser um espelho da empresa e se tornará uma janela para fora, isto é, deixará de ser um departamento administrativo e passará a ser uma área estratégica. Agora, o RH volta o olhar para fora – mercado, clientes, acionistas – a fim de definir as práticas de gestão de pessoas.

O profissional de RH

O profissional do RH 4.0 ágil consegue enxergar oportunidades continuamente e se coloca como estratégico para o negócio. Mantém a mente aberta para novas formas de trabalhar, aprende coisas novas, para de fazer o que não agrega ao cliente e ao negócio.

Eu acredito que podemos fazer diferente e ser a diferença de maneira colaborativa e agregadora às estratégias da organização. O RH pode ser a alavanca dessa mudança comportamental na organização, pois tem em suas mãos processos importantes como a cultura, a liderança, o design organizacional e a gestão de mudanças. O gestor de RH precisa se sentir parte da mudança de mentalidade e seus comportamentos devem refletir isso. Só aí estará pronto para buscar aliados na organização para que o ambiente esteja propício às mudanças que o novo cenário exige.

O RH precisa distribuir o seu tempo de modo que o profissional possa apoiar as áreas a desenvolver equipes mais autônomas, flexíveis, engajadas, motivadas, confiantes, tolerantes ao erro, com *feedbacks* constantes e assertivos, sem tabus.

Para alavancar a transformação, é fundamental que o profissional faça autoanálise e descubra do que precisa para ser um agente de mudança. O que você precisa aprender. De quais conhecimentos necessita e no que precisa ser desenvolvido.

Como profissional de RH, posso dizer que vivemos um momento único: de repensar o RH – como vinha sendo feito, praticado e o que era esperado da área. E na outra ponta, como ele deve ser, o que praticar e o que queremos, isto é, qual é nosso propósito atual dentro da organização.

Vejo aqui uma grande oportunidade para que analise as diversas habilidades e conhecimentos esperados do profissional do RH 4.0. Aquelas que já tiver, ótimo! Realce-as e se valorize. E o que acredita que pode e deseja desenvolver, corra atrás.

Não tem idade, nem gênero, nem credencial ou formação que te impeça de aprender coisas novas. Volte a estudar. Atualize-se. Faça coisas novas ou diferentes. Este é o momento de vivenciar o novo, sem esquecer ou desvalorizar o que nos trouxe aqui. Isso serve para ressaltar que todas as gerações são importantes para o fortalecimento, engajamento e o trabalho colaborativo que precisaremos no mercado de trabalho.

RH, precisamos olhar para dentro antes de olhar pela janela. Cuide dos seus.

> *Você não pode parar as ondas, mas pode aprender a surfar.*
> JON KABAT-ZINN

Referências

COUTINHO, J. P. *Repensando o RH: ágil, diverso e exponencial.* Porto Alegre: Caroli, 2022.

DWECK, C. S. *Mindset: a nova psicologia do sucesso.* Rio de Janeiro: Objetiva, 2017.

VESPA, M. *Um RH visto de cima. O que a Alta Administração espera que você saiba para fazer a diferença.* Rio de Janeiro: Qualitymark, 2015.

3

LIDERANÇA INCLUSIVA
ACOLHENDO, RESPEITANDO E VALORIZANDO AS PESSOAS

Neste capítulo, abordaremos um novo olhar para liderança dentro de um aspecto de transformações sociais que estão ocorrendo no século XXI, sendo que a liderança terá papel fundamental para tornar os ambientes mais inclusivos e humanizados.

FRANCISCO DE ASSIS MENDES

Francisco de Assis Mendes

Contatos
fassisnm@yahoo.com.br
Instagram: @francisco_assis_mendes

Pensador e estudioso sobre o mundo do trabalho, gestão de pessoas e liderança. Tem como missão e propósito de vida "inspirar pessoas a sonharem e aprenderem mais para, juntos, construirmos um mundo melhor". Doutorando em Ciências Empresariais e Sociais na Argentina, mestrado em Estratégia de Investimentos e Internacionalização em Portugal, e curso de extensão na Inglaterra. MBA em Gestão Empresarial Estratégica na USP e MBA em Transformação Digital e Futuro dos Negócios na PUC-RS. Administrador com especialização em Gestão de RH na Universidade Cândido Mendes do Rio de Janeiro, Direito do Trabalho e Previdenciário na PUC-Minas e Relações Trabalhistas e Sindicais na WCCA de Campinas/SP. Sólida experiência em gestão de RH, relações trabalhistas e sindicais e TI em grandes multinacionais (Honda, Sanyo, Murada e Panasonic). Atualmente, é gestor de relações trabalhistas da Honda, com passagem pela gestão de RH e TI, e vice-presidente da ABRH AM. Publicação de mais de 14 livros como coautor, coordenador e autor, com destaques para os livros: *Gestão do RH 4.0, Relações trabalhistas e sindicais, Gente e gestão* e *Repensando o mundo do trabalho*.

> *Inclusificar implica esforço contínuo para ajudar equipes diversificadas a se sentirem engajadas, empoderadas, aceitas e valorizadas.*
> STEFANIE K. JOHNSON

Estamos vivendo um momento em que precisamos repensar conceitos, quebrar paradigmas, disruptar negócios e reaprender de modo contínuo, sendo que um dos temas que precisamos revisitar e reaprender de maneira mais assertiva é o da liderança, visto que os modelos tradicionais de lideranças não cabem mais em um mundo disruptivo, ambidestro e diverso. Portanto, convido você para viajar comigo nesta jornada de aprendizado, provocações e reflexões sobre a liderança inclusiva.

Diversidade e inclusão

Um dos grandes temas que estão sendo debatidos na sociedade e nas organizações é a questão da diversidade e inclusão, e essa discussão vai além das questões de gênero, sexo, raça, religião, origem social e outros.

Diversidade pode ser definida como um conjunto de pessoas que contam com características e qualidades distintas. Já inclusão está ligada à instauração de uma mudança de cultura e comportamento em relação às pessoas diversas.

No artigo "Diversidade e inclusão nas empresas: importância, desafios e benefícios", da FIA Business School, afirma-se que "enquanto líderes e futuros líderes podem dar bons exemplos e atuarem como os grandes patrocinadores de uma cultura inclusiva, a área de talentos e RH será o condutor e ponto focal deste processo, conectando dados e dinâmicas psicológicas e sociais ao contexto do negócio, liderando a discussão estratégica de diversidade na companhia".

Segundo Kerr (2021), todas as pessoas têm vieses inconscientes... Os vieses inconscientes não são intencionais, mas formam uma barreira invisível e poderosa que dificulta a diversidade e a inclusão nas corporações. O mais impressionante é que esses vieses nos influenciam mesmo quando acreditamos nessa causa. Não sabemos o que está escondido em nossa mente, tampouco a forma como os vieses guiam nosso comportamento.

Um ponto importantíssimo em movimentos e estratégias de diversidade e inclusão social nas organizações é criar ações de sensibilização iniciando pelo topo da pirâmide, ou seja, as lideranças, pois são elas que devem ser os agentes disseminadores das melhores práticas nesta temática, sendo que o primeiro passo é liderar pelo exemplo, mostrando na prática que acredita e realiza a diversidade e inclusão de maneira positiva e está engajado em disseminar isso para toda a organização.

De acordo com Johnson (2020), dizer aos outros que o modo como veem o mundo está errado não vai convencer ninguém a ouvi-lo. A sensação na hora pode ser boa, mas isso não vai ajudar você a liderar o melhor time. Em vez disso, tente chegar a um acordo, ouvindo mais e falando menos. Se você ouvir o ponto de vista dos outros, a disposição deles a ouvir o seu é muito maior.

Para que realmente se desenvolvam políticas abrangentes de inclusão e diversidade, é preciso envolver, nessas construções, representantes das diversas tribos, os quais – com visões diferentes de mundo – podem contribuir para construção de políticas e estratégias que possam de fato promover a inclusão com um olhar de diversidade.

Outra estratégia para fortalecer a cultura de diversidade e inclusão nas organizações é incentivar a criação de grupos de afinidades. Grupos de afinidades são uma estratégia vencedora para criação de vínculos e conexões saudáveis, e que geram um movimento de engajamento entre as pessoas da organização, contribuindo também para a retenção de talentos.

Em pesquisa global realizada pela PwC, identificou-se que 76% das pessoas veem a diversidade como um valor declarado ou área de prioridade para sua organização e que 33% concordam que a diversidade é uma barreira ao avanço na sua organização. Também foi identificado na pesquisa que apenas 26% das organizações têm metas de diversidade e inclusão para líderes e apenas 17% têm uma função de diversidade no nível executivo.

Diversidade e inclusão não são apenas uma questão social. Empresas que se preocupam com essas questões contam com resultados mais relevantes. De acordo com o relatório *Diversity Matters*, elaborado pela consultoria McKinsey Company, empresas que consideram a diversidade no recrutamento entregam resultados até 25% superiores àquelas organizações "não diversas".

Marcas que contam com diversidade de gênero são 15% mais propensas de terem desempenho superior. Quando há a promoção de diversidade étnica, há um aumento desse número para 35%. Além disso, segundo um mapeamento realizado pela Catalyst, empresas com altos níveis de diversidade e políticas de RH voltadas para esse tema contam com baixos índices de rotatividade. Por fim, de acordo com a consultoria Hay Group, os conflitos são reduzidos em até 50% quando a diversidade é praticada pelos colaboradores.

Em um processo positivo de inclusão e diversidade, a liderança tem um papel fundamental, participando como protagonista de movimentos de sensibilização em toda organização. De acordo com Johnson (2020), "para que o funcionário se sinta ele mesmo, os líderes devem acolher as diferenças dos integrantes da equipe e destacar os benefícios de ouvir perspectivas variadas".

Dentro das estratégias de inclusão e diversidade, o modelo de liderança humanizada nas organizações fará uma grande diferença, por atuar com foco no melhor acolhimento com as diferenças, olhando-as como grandes oportunidades de criar algo dentro das organizações.

Para Johnson (2020), "por mais que repitamos o argumento da diversidade, se não pudermos alcançar o coração das pessoas e tornar o tema relevante para elas, será difícil convencê-las de que a mudança de comportamento é necessária".

Ainda dentro do âmbito de estratégia organizacional para inclusão e diversidade, as empresas devem ter políticas que promovam a contratação, desenvolvimento e retenção de pessoas de todas as tribos, focando no respeito à singularidade, sem jamais se esquecer de promover ações para conexão coletiva, como comenta Johnson (2020), "para inclusificar, o ponto de partida é entender os dois impulsos mais básicos do ser humano: o desejo de ser único e o de pertencer".

Promover a diversidade nas organizações pode ser um processo extremamente desafiador, porém se as organizações implementarem com assertividade, colherão grandes frutos, pois poderão fortalecer o espírito harmonioso nos times de trabalho, aumentar a produtividade e gerar mais inovações em função de maior engajamento das pessoas.

Segurança psicológica

A segurança psicológica é um dos temas mais emergentes no mundo do trabalho e da gestão de pessoas, pois em um mundo frágil, ansioso, complexo e cheio de incertezas, se faz necessário às empresas e lideranças construírem ambientes baseados no pilar da confiança para que as pessoas se sintam seguras e assim possam florescer todo o seu potencial dentro das organizações, contribuindo efetivamente para a sustentabilidade das empresas.

Mas o que é segurança psicológica? Edmondson (2020) define segurança psicológica como "um clima de equipe caracterizado por confiança interpessoal e respeito mútuo, no qual as pessoas se sentem à vontade em serem elas mesmas".

De acordo com o artigo "Segurança psicológica e o papel crucial do desenvolvimento da liderança", publicado pela consultoria McKinsey,

> Os líderes podem promover a segurança psicológica criando o clima certo, mentalidades e comportamentos apropriados em suas equipes. Em nossa experiência, aqueles que melhor conseguem fazer isso tornam-se catalisadores que capacitam e habilitam os demais líderes da equipe – mesmo aqueles sem autoridade formal. E é desse modo, servindo de modelo e reforçando os comportamentos que esperam do resto da equipe, que eles contribuem para cultivar a segurança psicológica.

Segundo o artigo "Como criar um ambiente de segurança psicológica no trabalho", publicado pela *Forbes*, "expressar opiniões com tranquilidade, fazer perguntas e, principalmente, receber ajuda em vez de críticas ao cometer um erro são algumas das características de um ambiente profissional que oferece segurança psicológica".

As lideranças têm papel fundamental na construção de ambientes com segurança psicológica, pois devem ser o agente transformador de ambientes positivos de trabalho, a partir da disseminação da confiança dentro das equipes, praticando efetivamente aquilo que pregam, oferecendo espaço sem julgamentos para que as pessoas possam expressar livremente suas ideias e pontos de vistas, promovendo a inclusão da diversidade de modo acolhedor.

Ainda segundo o artigo da McKinsey, "um clima positivo é o fator mais importante de segurança psicológica em uma equipe, e esse clima tende a existir quando os líderes assumem comportamentos consultivos e solidários para, em seguida, propor desafios a suas equipes".

De acordo com a revista *Você RH*,

> a segurança psicológica tem se tornado um assunto cada vez mais discutido nas empresas. Tanto que, de acordo com uma pesquisa da Gupy, 54% dos executivos de recursos humanos consideram que isso será um indicador importante para o futuro.

Enfim, a segurança psicológica é um tema de fundamental importância para ser trabalhado nas organizações, e o primeiro passo dessa jornada começa com a capacitação das lideranças com foco na sensibilização e, depois, nas melhores práticas, a fim de que seja o agente transformador de ambientes tóxicos para ambientes humanizados, de modo que possa contribuir efetivamente para a construção de ambientes seguros para suas equipes, sendo que os pilares dessa jornada são o respeito e a confiança.

Liderança inclusiva

Muito se tem falado ultimamente sobre um novo modelo de liderança chamado de Liderança Inclusiva, o qual vem se destacando em função de um novo repensar sobre o mundo do trabalho, no qual a questão da Diversidade e Inclusão ganhou uma importância estratégica nas organizações.

Segundo dr. Edwin Hollander, citado no artigo da MIT Sloan, "liderança inclusiva é construída por meio de relacionamentos que trazem benefícios mútuos aos líderes e liderados. A essência da inclusão em liderança é "fazer as coisas com as pessoas, em vez de fazer as coisas pelas pessoas". É exatamente nesse ponto que os líderes mais falham. Por exemplo, quando um chefe direciona seus subordinados dizendo-lhes o que fazer, ele está agindo pelas pessoas. Ele assume o papel de comandante".

No artigo da *Harvard Business Review*, as empresas contam cada vez mais com equipes diversificadas e multidisciplinares que combinam as capacidades coletivas de mulheres e homens, pessoas de diferentes heranças culturais e trabalhadores mais jovens e mais velhos. Mas simplesmente juntar uma mistura de pessoas não garante alto desempenho; requer liderança inclusiva – liderança que garanta que todos os membros da equipe sintam que são tratados com respeito e justiça, que são valorizados e com senso de pertencimento, assim se sentirão mais confiantes e inspirados.

Ainda no artigo da *Harvard Business Review*, uma pesquisa aponta que a inclusão não é algo apenas agradável para se ter nas equipes, ela também melhora diretamente o desempenho. Equipes com líderes inclusivos são 17% mais propensas a relatar que têm alto desempenho, 20% mais propensas a dizer que tomam decisões de alta qualidade e 29% mais propensas a relatar um comportamento colaborativo. Além disso, descobrimos que uma melhoria de 10% nas percepções de inclusão aumenta a frequência ao trabalho em quase 1 dia por ano por funcionário, reduzindo o custo do absenteísmo.

Em um mundo cada vez mais diverso e com grandes desafios organizacionais para inovação e sustentabilidade dos negócios, precisa-se urgentemente de pessoas com o pensar diferente e disruptivo, que tragam novas ideias, produtos e serviços para as organizações, sendo necessário investir na diversidade integral.

Segundo artigo da *Deloite Insights*, diversidade de mercados, clientes, ideias e talentos: essas mudanças simultâneas são o novo contexto. Para os líderes que aperfeiçoaram seu ofício em um ambiente mais homogêneo, o ajuste rápido está em ordem. É claro que os aspectos centrais da liderança, como definir a direção e influenciar os outros, são atemporais, mas vemos uma nova capacidade que é vital para a forma como a liderança é executada.

De acordo com artigo da *HSM Management*, a humanização das relações já era um tema ascendente nos debates organizacionais sobre gestão de pessoas, ganhando ainda mais destaque com o isolamento social adotado como medida de contenção na disseminação do coronavírus.

Em artigo da *Robert Half*, a diversidade está cada vez mais presente no ambiente corporativo. Uma liderança em time com diversidade deve, portanto, saber lidar com pessoas diferentes e, ainda mais, precisa saber como incluí-las na dinâmica de trabalho para que a produtividade alcance seus níveis máximos.

Percebe-se nas pesquisas apresentadas anteriormente que as empresas estão buscando entender este novo mundo diverso e criar estratégias que possam aproveitar as oportunidades de se ter dentro das organizações pessoas com grandes potenciais e que, se bem conduzidas, podem gerar grandes resultados a partir da diversidade de pensamentos e comportamentos.

Considerações finais

Em suma, a liderança inclusiva é uma estratégia assertiva que as empresas devem adotar para promover a inclusão da diversidade dentro das organizações de maneira positiva, criando ambientes de trabalhos diversos, seguros, harmoniosos e, ao mesmo tempo, cheio de espaço para que as pessoas floresçam seus potenciais a partir da abertura positiva, para que exponham suas ideias e pensamentos sem a régua da crítica negativa, tornando-se protagonistas dos aprendizados e inovação dentro da organização; em paralelo, o líder inclusivo será o semeador de um ambiente de trabalho inclusivo, acolhedor, positivo, aberto a novas possibilidades e com bem-estar.

Referências

BLEND EDU. *Panorama das Estratégias de Diversidade no Brasil e os Impactos da Covid-19*. Disponível em: <https://conteudo.blend-edu.com/relatorio-benchmarking-diversidade-2020>. Acesso em: 24 maio de 2023.

BOURKE, J. *The six signature traits of inclusive leadership*. Disponível em: <https://www2.deloitte.com/us/en/insights/topics/talent/six-signature-traits-of-inclusive-leadership.html>. Acesso em: 24 maio de 2023.

BOURKE, J.; TITUS, A. *Why Inclusive Leaders Are Good for Organizations, and How to Become One*. Disponível em: <https://hbr.org/2019/03/why-inclusive-leaders-are-good-for-organizations-and-how-to-become-one>. Acesso em: 24 maio de 2023.

EDMONDSON, A. C. *A organização sem medo: criando segurança psicológica no local de trabalho para aprendizado, inovação e crescimento*. Rio de Janeiro: Alta books, 2020.

GELENSKE, T. *Sua liderança é inclusiva*. Disponível em: <https://www.revistahsm.com.br/post/sua-lideranca-e-inclusiva>. Acesso em: 24 maio de 2023.

MATTOS, B. *Como criar um ambiente de segurança psicológica no trabalho.* Disponível em: <https://forbes.com.br/carreira/2021/12/seguranca-psicologica-o-segredo-das-equipes-inovadoras/>. Acesso em: 24 maio de 2023.

NISIYAMA, M. *Diversidade e Inclusão nas empresas: importância, desafios e benefícios.* Disponível em: <https://fia.com.br/blog/diversidade-e-inclusao-nas-empresas/>. Acesso em: 24 maio de 2023.

4

O RH NA EMPRESA FAMILIAR
É MELHOR SER FELIZ OU TER RAZÃO?

Neste capítulo, conto a minha trajetória profissional durante 35 anos trabalhados em empresas familiares, sempre observando de maneira direta ou indireta o relacionamento da empresa com o RH. Um olhar diferente do ponto de vista familiar para uma convivência profissional e harmônica, prezando pelo respeito aos diferentes pontos de vista, porém sem perder o foco.

**ALEXANDRA PEREIRA
DA CRUZ CANTANTE**

Alexandra Pereira da Cruz Cantante

Contatos
Alexacantante.ac@gmail.com
Instagram: @alexandracantante

Pós-graduada em Administração de Empresas (Universidade São Judas Tadeu) e graduada em Letras Inglês/Português (Unisa). Há 35 anos no mercado, desenvolvendo trabalhos em equipe e gestão de recursos humanos com foco em empresas familiares. Amante da comunicação, de pessoas, livros e viagens.

O RH na empresa familiar

O IBGE (Instituto Brasileiro de Geografia e Estatística) indica que 90% das empresas no Brasil possuem perfil familiar, representando cerca de 65% do PIB e são responsáveis por empregar 75% dos trabalhadores no país. Com base nessas informações, podemos concluir que, sim, o RH tem um papel importante nas empresas familiares.

Durante 35 anos de trabalho, tive a oportunidade de passar por algumas empresas familiares. O aprendizado e a vivência nesses espaços fizeram que hoje eu tenha uma visão diferente e mais clara de como tornar o RH mais leve e produtivo. Devo isto a minha percepção e observação durante esses anos. Mesmo que eu não estivesse diretamente ligada ao RH, estava atenta a estas movimentações que foram muito enriquecedoras e indispensáveis no decorrer do meu desenvolvimento pessoal e profissional.

Estas experiências serviram como exemplos que foram me acompanhando durante toda a minha vida, até os dias atuais. Acredito que podem ajudar muitas pessoas a encontrar um direcionamento nesta estrada de caminho íngreme e difícil, mas, ao mesmo tempo, fantástica e desafiadora, que é a missão da área de recursos humanos, ou, se preferirem, simplesmente o RH, área que contribui e muito para o crescimento e a satisfação da empresa.

Onde tudo começou (parte 1)

Com 12 anos de idade, eu queria muito trabalhar e ter minha independência financeira. Naquela época – e não faz tanto tempo assim –, os jovens entravam cedo no mercado de trabalho, e com um ponto positivo: registro em carteira, o que possibilitava a contagem para a contribuição para a tão sonhada aposentadoria. Para muitas pessoas, um sonho, o que não era o meu caso, pois nunca pensei em parar após alcançar este tempo predeterminado. Sempre tive em mente que, ao me aposentar, iniciaria uma nova etapa na minha vida, continuaria sendo produtiva, com mais opções e liberdade de escolhas.

Foi nessa época que conheci a D. Fátima, uma senhora robusta, de estatura mediana, mãe de quatro filhos. Morava no mesmo bairro que eu e ajudava no sustento da família prestando serviços para uma fábrica de pulseiras. Ela era terceirizada e quarteirizava o trabalho da confecção das pulseiras para jovens da região onde morávamos.

D. Fátima realizava multifunções: entrevistava, contratava, treinava, orientava, pagava e dispensava, quando era o caso. Além disso, o processo em si era bem interessante: existia uma ordem para a montagem e a organização das peças era muito importante. Era um processo produtivo, com início, meio e fim. O trabalho era realizado nas residências dos funcionários da D. Fátima, mas também poderia ser feito em um pequeno espaço que ela tinha na casa dela. Assim, mesmo sem saber, ela já estava fazendo parte do processo de *home office* e integrando as pessoas no trabalho hídrido também.

D. Fátima tinha quatro filhos, o marido ajudava um pouco, mas era ela que administrava a pequena empresa. Desta forma simples e primária, observando D. Fátima, com o passar dos anos, passei a perceber melhor as funções do RH em uma empresa familiar, todas as etapas do processo, desde a contratação, passando pelo treinamento, período de adaptação, convívio e *feedbacks* no dia a dia, comportamento com as diferenças entre as pessoas, administração de burocracias; tudo isto a D. Fátima fazia.

Quando tudo começou (parte 2)

Em 1987, eu completei 15 anos e o meu presente de debutante foi o meu primeiro emprego com a carteira registrada. Dessa vez, era uma empresa de prestação de serviços para a construção civil. Fornecia mão de obra e equipamentos para as construtoras, aluguel de compressores de ar comprimido, marteletes, britadeiras, entre outros tantos.

Este emprego foi uma escola, também um presente de Deus, pois tive a oportunidade de trabalhar com meu pai. A empresa pertencia a duas pessoas: Florêncio e Roberto, pai e filho. Mais uma vez eu estava diante de uma empresa familiar e, ainda, trabalhando com meu próprio pai.

Fiquei três anos nessa empresa familiar. Nas observações do dia a dia trabalhando com pai e filho, compreendi que os laços de sangue falam mais alto quando se trata de resolver alguma divergência de opiniões. Às vezes, as conversas são inflamadas, um pai falando com um filho quase sempre prevalece a autoridade do pai, principalmente quando é necessário passar uma orientação para os colaboradores. E nessa hora não há muito o que fazer. Manda quem pode, obedece quem tem juízo. Sim, na empresa familiar, a tendência é obedecer aos fundadores; nesse caso, a voz do pai é mais respeitada.

Uma grande família

Era uma segunda-feira, rumo ao desconhecido no Centro de São Paulo. Após passar por um processo seletivo e eliminar 50 candidatos, consegui a minha vaga em mais uma empresa familiar; dessa vez, um banco.

O RH era mais estruturado, pois eu estava em uma empresa grande e me sentia orgulhosa por isto; ainda mais por ser por conta dos meus próprios méritos. Foi lá que aprendi o que era hierarquia dentro de uma empresa: coordenador, chefe de setor, chefe de divisão, gerente, diretor, superintendente e presidente; e a importância de respeitar esta ordem. Realmente, o Unibanco tinha uma cultura e ambiente familiar; as pessoas se sentiam parte de uma grande família.

Foram muitos aprendizados nesse período. Ficou muito marcada a certeza de que as pessoas precisam ser tratadas com respeito. Naquela época nem se cogitava em falar em gestão humanizada; alguns gestores usavam o cargo para impor poder, sem se importarem se a produtividade do setor estava sendo afetada ou não, ou se aquele comportamento inadequado poderia impactar o clima organizacional. Esses comportamentos chegaram ao conhecimento da Área de RH e foi a partir daí que começaram os programas de acesso aos níveis hierárquicos mais elevados. Um desses programas se chamava "Portas abertas"; nele, tínhamos a oportunidade de conversar com o presidente. Com isso, o tratamento entre chefe e funcionário começou a se transformar em liderança mais consciente. Ainda bem que a realidade já mudou muito e esse tratamento vem alcançando patamares ainda melhores com relação à diferença entre ser chefe e ser líder, e, mais uma vez, houve uma participação muito forte do RH.

Essa passagem pelo Unibanco deixou muitas marcas e muitos aprendizados. Conquistei muitos amigos que, felizmente, cultivo e com os quais tenho contato até hoje. As marcas boas procuro utilizar e, as ruins, serviram de exemplos que não devem ser repetidos.

Como eu cheguei até aqui

Saí do Unibanco antes da aquisição do Itaú; muitas coisas aconteceram nesse período, mas são detalhes que contarei em outra oportunidade. Quando me desliguei do Unibanco, já tinha um casal de filhos: Alexia, com 7 anos, e Luigi, com 8 meses. Foi nesse período que surgiu a oportunidade de trabalhar, mais uma vez, em uma empresa familiar; desta vez, da própria família: marido, sogro, tios e primos.

O ano era 2006, e encarei um novo desafio em uma fábrica de embalagens flexíveis, onde tive que aprender tudo do início. Sempre tive muita facilidade em aprender e ensinar, mas os fatores atenção e dedicação foram extremamente necessários para realizar as tarefas com responsabilidade e comprometimento. Por este motivo, não demorou muito e eu já estava entendendo uma boa parte das atividades, inclusive o RH.

Com apenas um mês de trabalho, sofri um acidente de carro. Resultado: uma cirurgia com a colocação de uma placa de titânio e dezoito pinos. Após três meses afastada, retornei ao trabalho. Um ano de fisioterapia, e a difícil tarefa de conviver com as responsabilidades do trabalho, do cotidiano e filhos pequenos. Este foi um fator que deixou minha sensibilidade e empatia mais apuradas diante de situações adversas que acontecem com as pessoas. Quem trabalha no RH sabe muito bem que temos que enfrentar este tipo de situação; o afastamento do trabalho pode acontecer por vários motivos, independentemente da nossa vontade. E, mais uma vez, o papel do RH fez toda a diferença nesse processo de entendimento, acompanhamento, acolhimento e orientação ao colaborador, acidentado ou em tratamento de alguma doença.

Como fazer acontecer com o que você aprendeu

O processo é lento; é preciso seguir com um passo de cada vez. Paciência e dedicação são necessárias, mas não se assuste caso você tenha que dar dois passos para a frente e um para trás, para depois retomar a rota. Na empresa familiar, é preciso, muitas vezes, mostrar que o caminho pode dar certo, mas para que isso aconteça, é preciso testar, e esse teste sempre será na prática, fazendo com muita coragem, sabendo ouvir um "não", mas não desistindo de buscar um "sim".

Mão na massa

Não pense que trabalhar em uma empresa familiar é só orientar e alguém fará tudo funcionar. Nada disso. O primeiro passo é colocar a mão na massa e organizar todas as informações, conhecer os colaboradores, saber quais são seus setores, suas dores etc. Esse foi o meu desafio desde que cheguei ao RH da empresa familiar.

Feito isso, próximo passo: quem são vocês? E quem sou eu? As pessoas precisam saber quem é responsável por quais setores na empresa e como direcionar os assuntos que, porventura, venham a surgir.

Na empresa familiar, principalmente as que são de pequeno porte, geralmente você vai falar sobre admissão, treinamento, demissão, benefícios, uniformes e EPIs, férias e feriados, pagamentos, entre outros assuntos que envolvem a área de recursos humanos. Muitas vezes em curto espaço de tempo, como, por exemplo, no mesmo dia.

Lidar com resolução de conflitos, dar e receber *feedback* podem parecer tarefas difíceis. Então, vamos mais adiante: em uma empresa familiar, principalmente com colaboradores que são da família, é muito mais.

A cultura da empresa

Toda empresa tem uma cultura própria, que está inserida no dia a dia, no DNA dela; e para saber qual é este DNA e entender esta cultura, somente convivendo, observando e vivenciando os acontecimentos que conseguirá se adaptar, sentir-se inserido ou não.

Gosto muito de uma frase do livro *O Pequeno Príncipe*, de Saint-Exupéry: "O essencial é invisível aos olhos"; realmente é. Toda vez que uma empresa familiar for recrutar um candidato, a primeira coisa que precisa ser vista no perfil do candidato é se ele está de acordo com a cultura da empresa. Se não estiver, nem vale a pena começar, e esse olhar vem do RH, e não tem receita pronta; é o dia a dia que vai mostrando, e os olhos atentos dizem muito sobre isto.

Outro ponto interessante com o qual as pequenas empresas não se preocupam muito é a integração de um funcionário novo. É muito importante que no primeiro dia do novo integrante na equipe os uniformes estejam separados, que ele tenha um espaço reservado no vestiário para guardar seus pertences, caso ele seja do setor fabril, que saiba onde fica o refeitório, bebedouro, banheiro; e o principal e mais importante: que uma pessoa o acompanhe e o apresente para seus colegas de trabalho. Na maioria das vezes, esse também é o papel do RH; não importa se a empresa é pequena ou não, a parte humana envolvida é a mesma. Pode não parecer, mas faz muita diferença.

Abrindo espaço para as mulheres

Um fator muito importante aconteceu um pouco antes da pandemia, e acho muito pertinente incluir neste capítulo. Não havia mulheres trabalhando no setor produtivo, na fábrica de embalagem familiar na qual estou hoje, apesar de existirem atividades que elas poderiam desempenhar perfeitamente. Após uma reunião entre os sócios e uma abertura desafiadora para a realização de um teste prático, fizemos uma parceria com uma agência de empregos temporários e contratamos a primeira mulher para trabalhar na fábrica, no setor de finalização.

Porém, vale lembrar um pequeno detalhe que fez toda a diferença: não havia vestiário feminino ativo na fábrica, mas havia espaço que poderia ser transformado em um. A primeira coisa a ser feita: preparar o local para receber essas mulheres.

O vestiário foi criado com armários novos, com chaves e cadeados, banheiro com chuveiro e porta, espelho, cortina e, mesmo que artificiais algumas flores para tornar este ambiente acolhedor e feminino. Feito isto, agora sim, poderíamos receber as novas colaboradoras.

Quem é mulher sabe, não nos sentimos à vontade em nos trocarmos junto de desconhecidas, mesmo que sejam outras mulheres. O local onde vamos guardar nossos pertences quando chegamos a uma empresa nova também é um fator importante, principalmente quando se trata de uma fábrica onde o local de trabalho é composto por espaços mais abertos e com máquinas ao redor.

Espaço pronto, teste iniciado, trabalho temporário com chance de efetivação. Vieram uma, duas e, hoje, somos nove, todas foram efetivadas. Algumas mães, esposas, responsáveis e comprometidas com a qualidade do trabalho. Conquistaram seu espaço que hoje dividem com os homens, os quais acolheram com respeito e profissionalismo estas colaboradoras que já estão inseridas no dia a dia de maneira tranquila, respeitosa e natural.

O importante é que homens e mulheres estejam dividindo e compartilhando o mesmo ambiente de trabalho com direitos e deveres, cada um conquistando o seu espaço e respeitando o espaço do outro.

Mais uma vez, a importância e o olhar do RH entrando em ação em conjunto com as demais áreas envolvidas em prol da evolução da empresa. As normas e os procedimentos da empresa precisam estar alinhados e bem claras, para que não haja dúvida; caso contrário, a evolução não acontece. Persistência e perseverança são itens necessários.

Hoje, posso dizer que toda a bagagem que adquiri com o passar dos anos, inclusive na minha formação, me ajudou a formar uma visão mais clara do real sentido da palavra RH, e mais ainda das ações que são necessárias para que eu possa desempenhar, dentro de uma empresa familiar, uma gestão mais humana, participativa e com um propósito que não pode ser, de maneira alguma, unilateral.

Existem, no meio familiar, situações que envolvem a empresa, mesmo que seja contra a nossa vontade, e existem situações na empresa que envolvem a família. Cabe o uso do bom senso, percepção, olhar clínico, saber a hora de falar e a hora de calar; e o principal de tudo: saber viver em harmonia, porque de guerra já basta o mundo ao nosso redor. E como família, com certeza, os encontros do churrasco de domingo e os aniversários serão agradáveis, nunca uma obrigação. Portanto conclui que, muitas vezes, é melhor ser feliz, porém, em algumas situações, é necessário usar a razão.

Diante desta trajetória percorrida até aqui, descobri três pilares na área de RH, que tenho como base para que esse mundo intangível e inspirador dos recursos humanos continue sendo uma inspiração para que eu tenha vontade de acordar todos os dias e viver o presente, o aqui e o agora. São eles:

- É preciso gostar de pessoas.
- É preciso saber falar com as pessoas.
- É preciso saber entender as pessoas.

Apesar de toda a tecnologia que nos cerca, ainda somos humanos.

Referências

BROWN, B. *A coragem de ser imperfeito*. São Paulo: Saraiva, 2016.

RIZZI, M.; CIPRIANO, Z.; GARCIA, P. *Elas na liderança*. São Paulo: Literare Books International, 2021.

RIZZI, M.; CIPRIANO, Z. *Feedback: crescendo com a visão do outro – motivação, engajamento e direcionamento para equipes*. São Paulo: Literare Books International, 2020.

LIDERANDO EM UM MUNDO DE TRANSFORMAÇÕES INFINITAS

Muito tem se falado e observado com relação à evolução das organizações empresariais e suas estruturas de negócio. Vale destacar a área de gestão de pessoas, que vem enfrentando e gerenciando novos desafios no que tange ao maior valor e patrimônio de uma organização, as pessoas e o contínuo avanço de novas tecnologias, novas teorias, novas experiências *on the job training,* as quais começaram a dar as suas caras bem antes da pandemia e aceleraram ainda mais as mudanças comportamentais dos indivíduos, impactando diretamente na gestão de pessoas e nos resultados gerados por elas.

ALEXANDRE STIGERT

Alexandre Stigert

Contatos
astigert@gmail.com
astigert@outlook.com
LinkedIn: www.linkedin.com/in/alexandre-stigert/
+244 930 871 656
21 98862 2240 (WhatsApp)

Quarenta anos de experiência em empresas nacionais e multinacionais dos segmentos de produtos de consumo de massa, cuidados pessoais e beleza, embalagens, construção civil, serviços financeiros, agronegócio e varejo, com *expertise* em gestão, planejamento, operações comerciais e reestruturação empresarial, visando a melhoria de processos, gestão e estruturação orçamentária e estudo de cenários. Especialista em gestão de equipes multidisciplinares, expansão empresarial e transformação digital, com foco em rentabilidade, soluções estratégicas e crescimento sustentável. Ampla atuação nas áreas de *supply chain*, vendas, *brand & trade marketing*, RH, projetos de TI relacionados a sistemas de gestão empresarial, sistemas de vendas & gestão de clientes. Atuou em conselhos consultivos, concluindo recentemente curso de Certificação da CELINT para voltar a atuar ativamente em conselhos consultivos. Experiência internacional trabalhando e residindo em diversos continentes. Professor do MBA da FGV. Autor do livro *Estratégia de distribuição e gestão de canais comerciais*.

> *Esperar não é saber, quem sabe faz a hora, não espera acontecer!*
> GERALDO VANDRÉ

Pandemia. Não podemos esquecer os impactos causados por ela, é claro, mas é bom lembrar que, antes dela, já estávamos surfando grandes ondas de ideias em novos campos do desenvolvimento das pessoas, sejam como indivíduos ou equipes gerenciais em busca do novo, do inusitado e do irreverente.

Para refrescar a memória: teoria de gêneros? Banheiros masculinos e femininos, ou.... impacto da tecnologia? Redes sociais, dilema do uso do celular, metaverso, dentre outras. Criptomoedas, como gerenciar as expectativas de um colaborador técnico, matemático, quase sempre trabalhando sozinho, com interações digitais e quase nada pessoais. Como falar com ele? Como integrá-lo no time? Como ele pode contribuir para as equipes de trabalho?

Questões voltadas ao meio ambiente, governança, responsabilidade social, como as organizações interagem ou não com esses temas e como fazer disso tudo um único ecossistema simbiótico, em que todos possam extrair o máximo do melhor que possam gerar de benefícios mútuos, olhando para o ser humano, para a empresa longeva, para o meio ambiente e a sociedade como elos de uma única corrente na qual o vencedor é a corrente e não seus elos.

Não estamos aqui falando de um conflito de gerações, mas de um conflito geral da humanidade, de gente, de pessoas, que cada vez mais buscam pelos resultados antes do que eles poderiam de fato acontecer. Como gerenciar a angústia, a ansiedade de aprender mais rápido, mais jovem, porém sem muita experiência, e fazer que esses indivíduos continuem a gerar valor para ele, para os colegas ao redor, para a empresa, para o meio ambiente, para os ecossistemas de "*stakeholders*", que interagem e pedem soluções a cada instante, para as pessoas que representam um resultado positivo que está sendo construído dia a dia. Pense nisso!

Abordaremos alguns temas que têm dado certa reconfiguração em recursos humanos e a sua interação com as pessoas que formam a organização, trazendo novos desafios, já que a velocidade das mudanças ocorre de modo que você não controla e não controlará – saiba disso –, porém sempre será muito mais rápida do que capacidade, habilidade e tempo que temos disponíveis para interpretar, analisar, entender, concluir e agir. Vamos a alguns exemplos, não todos, porque, no momento em que estou escrevendo estas palavras, o mundo continua mudando e "algo novo já pode estar nos rondando".

Gestão de gêneros – DEI (diversidade, equidade e inclusão)

Não faz muito tempo que o simples fato de se ter um banheiro feminino e um masculino era o padrão nas empresas, nas casas, locais públicos, enfim, por onde você estivesse e, para o RH, nada mais simples do que ser parte do ecossistema com banheiros dessa natureza.

Hoje enfrentamos uma nova realidade. As iniciativas do DEI fazem parte do tratamento de preconceitos, discriminação, assédio, salários injustos e outras questões no local de trabalho. Os banheiros não necessariamente precisam ser masculino e feminino. Já faz algum tempo que temos banheiros compartilhados, banheiros que se orientam por gênero, ou simplesmente o local onde não importa o que você é, mas como é respeitado e inserido naquela sociedade de trabalho.

Essa simples mudança causou e ainda causa certo alvoroço nas organizações que não definem claramente os processos e procedimentos de inclusão social das minorias; a meu ver, não necessariamente minorias, mas sim seres humanos que produzem resultados e um simples banheiro não deveria ser um "indicador de desempenho" ou de diferenciação entre as mentes e cérebros brilhantes que estão produzindo o melhor de si para o sucesso da organização.

De acordo com um estudo da Society for Human Resource Management (SHRM), em parceria com o Harvard Business Review Analytic Service, as empresas podem seguir essas medidas para melhorar o DEI em 2022: crie uma linha direta para relatar incidentes de DEI e uma para aconselhamento e treinamento sobre o assunto; utilize grupos e redes de recursos de funcionários em todo o seu potencial; diversifique os painéis de contratação; crie um comitê de direção do DEI; ofereça oportunidades de associação e patrocínio; forneça lembretes para ter cuidado com os preconceitos que podem se infiltrar no seu subconsciente.

A mudança de foco no bem-estar dos funcionários para uma organização saudável

Parte do que foi abordado no tópico anterior será ampliado neste tópico em relação à questão sobre a organização saudável. Todos os dias, lemos artigos científicos sobre estudos avançados a respeito de como o cérebro é a "caixa preta" que estimula, coordena e gera os *inputs* para a boa saúde mental que revigora o organismo e nos faz mais eficientes, mais produtivos, mais felizes em fazer o que fazemos, em que o foco não está no que ganharemos, que passa a ser a consequência resultante do prazer no que eu faço. Ter o sentimento de pertencer a um ambiente saudável e estimulante. A leitura, é claro, está sendo realizada por meio de pesquisas internas também e que corroboram os recentes estudos publicados.

Portanto, a organização saudável ganhou mais peso após a pandemia, em razão da importância de entender o emocional, o psicológico alterado por novos hábitos, nem sempre experienciados antes desse evento.

As empresas estão imbuídas no entendimento de como se organizar diante desse novo cenário e elencaram algumas áreas que devem ser monitoradas e entendidas para melhor desenvolvimento da organização, reconhecendo a flexibilidade como elemento de mudança e novas maneiras de formar e capacitar a organização. Quem não está vivenciando o desafio da Apple, que já alterou várias vezes a data de retorno físico aos escritórios por conta de uma elevada rejeição dos funcionários?

A organização deveria focar na saúde física, mental, questões relacionadas à interação social, como serviços comunitários, o impacto da organização no meio ambiente comunitário, ambiente de trabalho seguro e, por fim, desenvolvimento de uma cultura evolutiva, saudável e totalmente compartilhada por seus diversos grupos de interesse. A organização precisa ter a sua identidade conhecida.

O trabalho híbrido

Apesar de o modelo de trabalho híbrido ter ganhado uma aceleração na velocidade da luz com o advento da pandemia, não podemos dizer que o modelo era desconhecido. Inúmeras organizações de tecnologia da informação já trabalhavam nesse modelo, e daí vieram os primeiros aprendizados de como encarar o modelo sendo aplicado em toda a organização.

Como já citado, estamos no caminho de retorno ao trabalho presencial, entretanto muitos profissionais continuam a preferir o modelo híbrido, o que, em alguns casos, tem se demonstrado um desafio para as organizações.

O importante a destacar é que o modelo veio para ficar, porque aprendemos que podemos ser ainda mais produtivos quando o modelo é aplicado de maneira adequada, criando para o funcionário a oportunidade de integrar valores e elementos pessoais do trabalho remoto às rotinas regulares do trabalho presencial.

Em maio de 2021, o CEO do Google, Sundar Pichai, anunciou o plano de trabalho híbrido da empresa, que permitia que os funcionários trabalhassem no escritório por três dias por semana e remotamente nos outros dois dias. "O futuro do trabalho é a flexibilidade", disse Pichai. Algumas outras empresas que entraram na onda do trabalho híbrido incluem Ford, Hubspot, Microsoft, Infosys, Siemens e Amazon, para citar algumas.

Novos rumos para a *GIG economy* – trabalhos temporários

O termo economia GIG foi cunhado já faz algum tempo para definir os trabalhadores que buscavam trabalhos e projetos temporários em que não fosse necessário o estabelecimento formal do vínculo de trabalho. Tudo isso, portanto, estava baseado em projetos temporários e que teoricamente teriam data de início, meio e fim.

Com o advento da pandemia, criando oportunidade de aprendizagem e desenvolvimento de novas habilidades, a economia GIG deixa de ser uma tendência e marca o princípio da estabilidade e crescimento na busca de trabalhos pontuais, baseados ou não em projetos, mas que possam dar a liberdade de "ir e vir" aos profissionais que se adaptaram bem a essa nossa mentalidade e filosofia profissional de trabalho. Algumas estatísticas norte-americanas mostram que essa força de trabalho pode superar mais de 51% nos próximos cinco anos nos Estados Unidos. Algumas razões para esse crescimento:

A economia GIG oferece certa flexibilidade aos trabalhadores. Com os distúrbios causados pela pandemia, cada vez mais trabalhadores em tempo integral estão se voltando para oportunidades de trabalho por necessidade.

Com funcionários em tempo integral aproveitando oportunidades de trabalho, há uma vantagem de custo para empresas dependentes de trabalhadores temporários.

Requalifique e reforce habilidades específicas e gerencie seus times e seus talentos

As organizações sempre se empenharam no treinamento e na qualificação contínuos dos seus membros para garantir o desenvolvimento de habilidades e melhoria do desempenho individual e em equipe. Além de ensinar novas habilidades que serão necessárias ao longo do tempo, nota-se que as organizações estão busca de um *upscalling*, ou seja, a capacidade de se melhorar ainda mais uma habilidade já conhecida e consolidada por um profissional. Isso não se trata de retreinar, se trata de aprofundar o conhecimento em uma habilidade específica, técnica, visando maximizar ainda mais os resultados esperados.

De acordo com algumas consultorias e profissionais especializados no assunto, os benefícios são:

- Melhor execução de planos e políticas da empresa com base nas tendências do mercado e do setor.
- Melhor desempenho, produtividade e satisfação dos funcionários.

- Ganho de vantagem competitiva contra os participantes do mercado que não se atualizaram com novos requisitos de habilidade.

De acordo com um estudo da McKinsey, 77% dos líderes do setor sugeriram que o retreinamento é muito ou moderadamente importante para sua organização. É um dos investimentos mais cruciais que uma organização pode fazer como parte de suas estratégias de gestão de talentos, e com razão.

Mantendo o toque humano vivo

Se pararmos para pensar no que aconteceu de mais importante nas relações profissionais, isso nos levaria à seguinte pergunta: que mudanças drásticas o local de trabalho testemunhou no passado recente?

Resposta simples nas palavras, porém complexa no entendimento e nos impactos. O ambiente de trabalho remoto e suas implicações.

O trabalho à distância trouxe a reflexão quanto às questões relacionadas ao engajamento diário das pessoas, às interações pessoais, à identificação com os valores das organizações e ao sentimento de "autorresponsabilidade" imposto por este novo padrão. Mais do que nunca, evidenciou-se por parte de alguns profissionais a necessidade de se manter o toque humano, o suporte e o apoio físico, que, no mundo virtual, não acontecem da mesma maneira.

O que faltava na época e ainda falta é uma abordagem estratégica de RH de como se "conectar" com os funcionários em um contexto humano para que eles não se sintam isolados e sozinhos, e isso resulte em menos engajamento e menor produtividade", disse Cates.

De acordo com o relatório *How Business and HR Leaders Can Rise to the Opportunity* do professor, autor, palestrante e líder de pensamento de RH, Dave Ulrich, a administração precisa reinventar tanto o conteúdo (novas ideias sobre pessoas e organização) quanto o processo (maneiras de transformar ideias em impacto).

Junto com pesquisas individuais e programas de assistência a funcionários, é importante observar que nenhuma tecnologia pode automatizar e substituir a empatia, o engajamento e a lealdade em uma organização, especialmente em um ambiente de trabalho em constante mudança.

A segurança cibernética se torna ainda mais importante

De acordo com a CRA Business Intelligence, mais de três quartos das empresas entrevistadas (78%) não tinham mais de 20% de sua força de trabalho em casa antes da pandemia. Depois, quase todas as organizações (92%) relataram que mais de 20% de seus funcionários estavam trabalhando em casa. Com uma força de trabalho dispersa, as violações de dados e os riscos de segurança associados ao local de trabalho também aumentaram.

Tornou-se necessário rever modelos, políticas e processos relacionados à segurança da informação, acessos externos a servidores de informação. Ficou latente o quão vulnerável era o modelo de trabalho remoto e as políticas de segurança da tecnologia da informação empregadas pelas empresas. Agrega-se a isso o despreparo e o desconhecimento das pessoas sobre como utilizar as ferramentas externas; nota-se uma falta total de treinamento no conhecimento e uso das políticas de negócios também. A consequência imediata foi o aumento nos orçamentos de segurança digital, aquisição de equipamentos e treinamento remoto das equipes.

Uma força de trabalho amplamente remota traz várias preocupações de segurança e violação de dados – *malware*, ataques de engenharia social em dispositivos inseguros e de propriedade de funcionários. As organizações estão tentando ativamente melhorar a segurança do serviço em nuvem, transformar o roteiro digital e a tecnologia de segurança, incorporar programas de treinamento eficientes para combater ameaças de segurança para proteger os ativos e dados da empresa. Tarefa ainda em execução e não consolidada, haja vista os inúmeros ataques e sequestros que as organizações continuam sofrendo pelo mundo "hacker".

As organizações estão tentando melhorar a segurança do serviço em nuvem, transformar o roteiro digital e a tecnologia de segurança, além de incorporar programas de treinamento eficientes para combater as ameaças da segurança a fim de proteger os ativos e dados da empresa.

Referências

BERGAMINI, C. W. *Competência: a chave para o desempenho.* São Paulo: Grupo Gen, 2012.

BROWN, T. *Design thinking: uma metodologia poderosa para decretar o fim das velhas ideias.* São Paulo: Campus, 2020.

GOLEMAN, D. *Inteligência emocional: a teoria revolucionária que redefine o que é ser inteligente.* Rio de Janeiro: Objetiva, 1996.

LASZLO, B. *Um novo jeito de trabalhar.* São Paulo: Sextante, 2015.

SENGE, P. M. *A quinta disciplina: arte e prática da organização que aprende.* 38. ed. Rio de Janeiro: Best Seller, 2013.

6

O PODER DA MENTALIDADE EMPREENDEDORA EM PROCESSOS DE MUDANÇA

Neste capítulo, você vai perceber como nosso comportamento pode ser desenvolvido para se adaptar melhor em momentos de transformação, como as empresas podem antecipar e estruturar processos de transição e como o autoconhecimento dos funcionários pode trazer resultados positivos e mensuráveis para os negócios.

ANA LUIZA CASSALTA

Ana Luiza Cassalta

Contatos
www.soudonadaminhavida.com.br
analuiza@cassalta.com.br
LinkedIn: linkedin.com/in/analuizacassalta
Instagram: @dona.da.minha.vida

Jornalista (PUC-Rio) e publicitária (PUC-Rio), com pós-graduação em Comunicação Empresarial (Estácio) e MBA em Gestão, Empreendedorismo e Desenvolvimento de Negócios (PUC-RS). Especialização em Gestão de Mudanças (HCMP®, HCMBOK® e HUCMI), Metodologias Ágeis (FGV), Comportamento Empreendedor (Empretec – Sebrae) e Mentoring (FGV). Carreira de mais de 20 anos em grandes empresas, como jornal *O Dia*, Shell, Americanas e Globo. Ocupou cargos executivos por mais de dez anos, com liderança de equipes e processos estratégicos. Membro da Associação Brasileira de Mentores de Negócios (ABMEN). Mentora voluntária de mulheres nas ONGs Mulheres do Brasil e Instituto Vasselo Goldoni. Fundadora e diretora da consultoria Dona da Minha Vida, especializada em empreendedorismo, gestão de negócios e projetos culturais.

Nada é permanente, exceto a mudança.
HERÁCLITO DE ÉFESO

Nossa relação com o tempo está acelerada. E a velocidade das transformações nos negócios também. Ciclos de mudança sempre existiram, mas os intervalos eram mais amplos e o tempo disponível para ajuste parecia mais elástico. Com os ciclos cada vez mais curtos e frequentes, há demanda por reinvenção rápida e constante. Por parte das empresas e, principalmente, por parte das pessoas.

Certas características podem ajudar em tempos de incerteza. Quando falamos de mentalidade empreendedora, algumas delas costumam ser recorrentes e podem ser desenvolvidas. Adaptabilidade, comprometimento, criatividade, cooperação, persistência e autoconfiança, por exemplo. E a área de recursos humanos tem papel fundamental na disseminação de uma cultura que valorize essa contínua aprendizagem.

Se temos consciência de que a mudança é inevitável, por que tentamos controlar tudo ao nosso redor? Mesmo com um ótimo planejamento, não temos domínio sobre a atitude do outro. Só podemos controlar nossa forma de pensar, agir e reagir. E isso já é bastante. Com o ajuste sobre nossa atitude, podemos melhorar a relação com os outros. Fortalecer nossa saúde física e mental. Aproveitar melhor a jornada da vida.

Visando reduzir impactos diante das mudanças iminentes, as empresas podem contar com áreas estratégicas, estudos de mercados e projeções de cenários futuros. Com isso, têm mais prontidão para reagir quando for necessário mudar. Mas, ainda assim, o sucesso da transformação estará diretamente relacionado à atitude individual e em equipe dos profissionais que atuam na empresa.

Aceitação do novo

Escolher não enxergar que o contexto está diferente pode representar uma antecipação ao fracasso. Há mudanças diárias na sociedade, na economia, na política, na tecnologia e nas relações humanas. E isso gera reflexo em todos os profissionais e em todos os negócios. Estar atento às mudanças e aberto a percebê-las como oportunidades são importantes trunfos que a mentalidade empreendedora possui.

Considerado o grande mestre da gestão moderna, o autor austríaco Peter Drucker (1986) analisou o poder do empreendedorismo na nova economia, seus desafios e suas possibilidades. Segundo ele, a administração empreendedora bem-sucedida requer diretrizes e práticas. Demanda autocrítica constante, não resistência à mudança e compromisso com uma prática sistemática da inovação.

Nem todo dono de uma empresa é um empreendedor. Tampouco ser empreendedor é uma personalidade. É um comportamento e pode ser desenvolvido. O conceito de intra-empreendedorismo é recente. Diz respeito a como profissionais de uma empresa, independentemente de hierarquia, utilizam suas competências a fim de pensar soluções para o negócio. Empresas com cultura organizacional mais aberta estimulam que os profissionais assumam riscos calculados para solucionar problemas. Criam negócios, produtos, sistemas e processos. Com isso, geram mais eficiência e inovação. Intraempreendedores são ativos importantes para as organizações.

Nesse contexto, a área de recursos humanos colabora de maneira fundamental com o negócio, liderando a estratégia de Gestão de Pessoas. Junto às lideranças das áreas, o RH consegue antever necessidades, compreender as competências essenciais ao momento e estipular como alcançar os resultados desejados. Pode fazer uso de programas de captação, treinamento, desenvolvimento, comunicação, desempenho e remuneração.

Evolução da gestão

De maneira a fortalecer toda essa nova dinâmica dos negócios, metodologias de gestão de empresas se desenvolveram nas últimas décadas e vêm sendo utilizadas, cada vez mais, por profissionais de diversas áreas ao redor do mundo. Uma de maior evidência é a Metodologia Ágil, que acelera o processo entre o nascimento de uma ideia e a versão inicial de um produto, seu MVP (Mínimo Produto Viável). Nesta metodologia de gestão de projetos, o profissional usa técnicas, práticas e ferramentas que possibilitam desenvolvimento incremental, mais rápido e mais assertivo. Há redução de tempo, riscos e custos.

Metodologias modernas de gestão pressupõem criatividade, não linearidade, mudanças contínuas e multidisciplinaridade. Testar, errar e não desistir. Menos vaidade e mais parceria. Empatia. Não tem a ver com formação, faixa etária ou gênero. Todo e qualquer profissional pode escolher estudar e se desenvolver nessas metodologias. Toda empresa pode decidir se beneficiar desses novos recursos, tornando-se mais adaptável à dinâmica atual.

A implantação de novas metodologias de gestão não deve, no entanto, ser um ato impulsivo. Assim como outras mudanças, tende a obter mais sucesso, se planejada com antecedência. É necessário analisar benefícios e impactos, em relação a processos, operações, sistemas, custos e pessoas. É fundamental que haja patrocínio da liderança, comunicação clara sobre o projeto e entendimento dos funcionários em relação à motivação da transição. É importante cuidar de cada fase da idealização, da implantação e da manutenção.

Gestão de mudanças na prática

As mudanças não são eventos. São processos. Essa afirmação é do livro *HCMBOK®: O fator humano na liderança de projetos*, escrito pelos autores brasileiros Vicente Gonçalves e Carla Campos (2016). De acordo com a obra, os motivadores mais comuns de mudanças em empresas podem ser crises, reestruturações, mudança de hábito dos consumidores e evoluções tecnológicas.

Seja qual for a motivação, todo processo de mudança gera impacto em pessoas. Pode tocar em suas zonas de conforto, despertando medo, insegurança ou resistência. Segundo os especialistas e idealizadores do Human Change Management Institute (HUCMI), ao perceber que uma mudança organizacional ocorrerá, frequentemente pessoas podem entrar em um estado de luto antecipatório organizacional.

As lideranças e a área de recursos humanos precisam estar atentas a esses movimentos. Algumas das estratégias necessárias para reduzir impacto e engajar pessoas em momentos assim são: apresentar visão sobre o futuro, realizar comunicação transparente e criar um ambiente de segurança psíquica. A institucionalização de uma cultura de comunicação não violenta também desperta a construção de conexões mais colaborativas e produtivas na organização.

Nem sempre os funcionários têm consciência sobre a forma como agem diante de um processo de mudança na organização. Talvez, se tivessem tido acesso a mais recursos de autoconhecimento ao longo de suas vidas e carreiras, poderiam compreender melhor o contexto. E, assim, visualizar os gatilhos mentais que disparam, gerenciando as próprias reações.

A força do autoconhecimento

Faz toda a diferença quando um profissional compreende como suas crenças internas e seus valores impactam seu comportamento pessoal e profissional. Não é possível falar de negócios sem falar de pessoas. E não é possível falar de mudanças sem compreender que são as pessoas que vivem as transformações.

Nossa mente pode ser uma grande amiga ou uma ameaça recorrente. A autora norte-americana Carol S. Dweck (2017) criou o conceito de *Mindset*, que pode ser traduzido como configuração da mente. Segundo ela, cada um de nós possui um *mindset* que direciona a forma como estamos condicionados a ver e interpretar situações. Mostra nossa predisposição de agir e reagir diante de algo.

Na teoria, há dois tipos: o fixo e o de crescimento. No fixo, a pessoa tem a percepção de que habilidades não podem ser desenvolvidas. Tem receio da crítica alheia e, por isso, evita desafios, preferindo sua zona de conforto. Já no *mindset* de crescimento, a pessoa tem a percepção de que pode desenvolver suas habilidades, pelo próprio esforço. Por isso, busca novidades e se permite arriscar mais.

Fazer uma reprogramação mental é possível. Com o *mindset* ajustado, podemos enfrentar uma dificuldade e conseguir lidar com ela, transformando-a em uma oportunidade. Isso potencializa resultados favoráveis.

Nessa psicologia do sucesso, aprendemos que é possível nos conhecermos, nos desenvolvermos e nos adaptarmos. Para as lideranças e a área de RH, compreender como os funcionários lidam com o *mindset* pode ser um diferencial para o negócio, principalmente em processos de mudança.

Profissionais com mentalidade empreendedora assumem responsabilidade pessoal sobre os resultados obtidos. Com isso, se envolvem de maneira mais positiva, pois compreendem que o sucesso depende de seu esforço individual.

Desenvolvendo competências comportamentais

Inteligência emocional, flexibilidade, resiliência, comunicação, proatividade e atitude positiva são algumas das *soft skills* mais valorizadas atualmente no mercado de trabalho.

O conceito de que o desempenho de uma pessoa tem relação com sua maneira de pensar, sentir e agir foi publicado originalmente pelo autor Scott B. Parry. Segundo ele, competência é o conjunto de Conhecimentos, Habilidades e Atitudes (C.H.A.) e pode ser mensurada e desenvolvida.

Líderes, empreendedores e intraempreendedores deveriam focar sua atenção no pilar da Atitude. Nossas atitudes são diretamente influenciadas por nossas emoções. E nossa conduta pode estar sendo guiada por padrões de pensamento reforçados ao longo de toda uma vida. Conseguir ganhar consciência sobre esses padrões é algo que pode ser acelerado, por meio de processos de autoconhecimento.

Quanto mais nos permitimos olhar de maneira verdadeira para dentro de nós, mais possível é enxergar. A consciência tira a venda dos nossos olhos. E este é um presente que cada um pode dar a si mesmo.

A jornada do autoconhecimento traz clareza sobre pontos fortes e pontos a desenvolver. Oferecer aos funcionários oportunidades de desenvolver autoconhecimento é uma atitude que empresas deveriam promover cada vez mais, sob liderança de recursos humanos.

Alguns dos resultados positivos para o negócio podem ser:

- Melhoria na integração entre áreas.
- Melhoria nos fluxos de comunicação.
- Aumento de produtividade.
- Redução de rotatividade.
- Decisões mais assertivas.
- Maior alcance de metas.
- Ambientes mais saudáveis.
- Relações mais colaborativas.
- Melhoria na percepção de saúde mental.

Inteligência emocional em momentos de mudança

De acordo com o especialista em comportamento humano Daniel Goleman (1996), ao compreendermos o funcionamento das nossas emoções, podemos ampliar o autocontrole, evitando, assim, atitudes impulsivas e conflitos desnecessários.

Processos de mudança podem despertar inseguranças. E o medo impede que as pessoas façam o seu melhor. A inteligência emocional permeia tudo no nosso dia a dia. O profissional com mentalidade empreendedora tem mais predisposição a buscar oportunidades e assumir riscos calculados. Mas, ainda assim, precisa compreender como isso é administrado pelas lideranças no ambiente corporativo em que atua para garantir sua segurança psíquica.

A experimentação rápida e consciente é parte da prototipagem necessária aos negócios. Empresas que querem se modernizar precisam incorporar essa mentalidade, para além dos discursos sobre cultura e gestão de pessoas. Estimular criações de rede de contatos, *benchmarking* interno e externo, times multidisciplinares e programas de mentorias são ótimas iniciativas. Além de planejamento consistente, metas construídas coletivamente, *feedback* frequente e acompanhamento sistemático ao longo do ano.

A importância da visão holística

Não é possível separar um profissional do ser humano que ele é, com suas potências, forças e fraquezas. Por isso, precisamos falar sobre pessoas e consciência. Porque será esta pessoa, e toda sua complexidade interna, que vai liderar uma empresa. Coordenar equipes e processos. Ser parte de um time. Engajar-se ou não com a transformação cultural desejada. E que poderá, de maneira consciente ou inconsciente, ser um agente de mudança ou um sabotador dentro do negócio.

Processos de mudança pedem agilidade e adaptação. Com alinhamento de propósito, melhores práticas e medição de resultados, as chances positivas aumentam. Com engajamento real das pessoas e escuta ativa, os riscos são reduzidos. E a área de recursos humanos desempenha papel-chave nessa transformação.

O que fez sentido ontem pode já não fazer mais sentido agora. Para a empresa, para a área e para o funcionário. Nós podemos mudar. Somos singulares e o mundo vai se beneficiar quando conhecer a melhor versão que podemos apresentar de nós mesmos como seres humanos e como profissionais.

Referências

DRUCKER, P. *Inovação e espírito empreendedor: práticas e princípios*. São Paulo: Pioneira, 1986.

DWECK, C. S. *Mindset: a nova psicologia do sucesso*. Rio de Janeiro: Objetiva, 2017.

GOLEMAN, D. *Inteligência emocional*. 2. ed. Rio de Janeiro: Objetiva, 1996.

GONÇALVES, V.; CAMPOS, C. *HCMBOK®: o fator humano na liderança de projetos*. 3. ed. São Paulo: Brasport, 2016.

PARRY, S. B. *The quest for competencies*. 1996.

7

A ESSÊNCIA DO RH

As páginas deste livro são para valorizar a área de recursos humanos com seus profissionais dedicados e preparados, assim como para sairmos do ciclo vicioso, um processo em que ficamos presos sem visualizar novas experiências, e podermos trilhar caminhos mais centrados no desenvolvimento humano. Ainda teremos obstáculos, mas nada que uma parceria entre empresa e colaborador, tendo o RH como mediador e protagonista, para construir um ambiente corporativo saudável e produtivo.

ANA RACHID

Ana Rachid

Contatos
www.innovarepercrescere.com
ana.rachid@innovarepercrescere.com.br
LinkedIn: Ana Rachid
Instagram: @innovarepercrescere1

Profissional em recursos humanos com mais de 20 anos de experiência em empresas nacionais e multinacionais de diferentes segmentos, proporcionando uma vivência muito rica de aprendizado e oportunidade. Fundadora da Innovare Per Crescere, consultoria com foco na gestão e no desenvolvimento das pessoas. Graduada em Administração de Empresas e MBA em RH, mentora associada pelo Instituto de Mentoria Sidney Oliveira e mentora do programa Nós Por Elas do IVG, atuando nos temas liderança, RH, carreira, jovens, mulheres e autoconhecimento. Certificação do MPP maturidade pessoal e profissional, e eneagrama.

Agradecimento a Deus, a minha família e aos inúmeros amigos com quem trabalhei e me ensinaram muito. Em especial ao mentor e gestor que me abriu as portas do RH: Cesar Garbin.

Histórias cruzadas

O RH que conhecemos hoje é bem diferente daquele de quando iniciei, em 1985, no mercado corporativo. Aliás, a minha história e do RH se cruzam e caminham juntas até os dias atuais.

Vamos visitar o passado para entender como tudo funciona hoje.

"Você foi promovida para a área do Departamento Pessoal", ouvi do meu chefe algum tempo depois de iniciar como caixa e secretária em uma grande rede de lojas.

"O que é essa área e o que faz?", perguntei ao gerente-geral da loja.

O departamento pessoal era uma área operacional, cuidando do processo de seleção, admissão, folha de pagamento, demissão e cumprimento da legislação trabalhista. Tudo realizado manualmente, inclusive os cálculos. A única tecnologia era máquina de escrever e o relógio de ponto, que precisava "dar corda".

Os lançamentos da folha eram inseridos manualmente em mapas, por mim, depois enviados para uma empresa que realizava a digitação. Numa etapa final, os relatórios e os demonstrativos de pagamento eram emitidos.

Havia a área de cargos e salários para realizar as movimentações internas e o treinamento técnico para as funções da loja. A grande preocupação era manter tudo organizado, processos e cálculos em dia, pagamento nas datas corretas e seguir a legislação.

Na liderança, contávamos com profissionais seniores quanto à experiência. Destaco que na loja havia a gestão dos times para cumprimento das metas, apresentação impecável das divisões e dos produtos. As competências importantes eram: atendimento ao cliente, boa postura, utilização correta do uniforme, boa matemática e respeito aos padrões organizacionais de ética e conduta.

As áreas de suporte mesclavam profissionais seniores e mais novos, assim o treinamento era importante para melhor desempenho das atividades. Havia sempre no ar o respeito à hierarquia; quando ocorriam situações diferentes, havia a aplicação de medidas disciplinares, tais como advertência e suspensão.

A minha identificação com a área era perfeita, assim como com a empresa, com forte inclinação para o desenvolvimento.

Em 1990, já atuando numa empresa de comércio atacadista, me reportava ao gerente de RH. A gestão de pessoas ainda era muito remota; havia um número elevado de profissionais seniores e os mais jovens eram treinados e preparados para assumir novas oportunidades. Não existiam processos de desenvolvimento, tais como avaliação de desempenho formal, era tudo informal. As promoções ocorriam pela senioridade na área e tempo de atuação no cargo.

Tive experiências em outras áreas de 1992 a 1996; quando retornei à área de DP, em 1997, os processos permaneciam da mesma forma, mas com a utilização da folha de pagamento no computador em DOS, gerando todos os cálculos e relatórios para impressão.

Em 1998, ingressei numa grande empresa multinacional da área de tecnologia e encontrei a modernização mais avançada. Tinha computador, e-mail, folha de pagamento em DOS, que logo migrou para Windows; nesse momento, posso dizer que os cálculos eram todos automatizados.

A estrutura de RH da empresa era mais avançada, com diretor, gerente e coordenador; a preocupação com a gestão de pessoas era mais presente, nos temas de cultura, comunicação, treinamentos, desenvolvimento, além dos benefícios de vale-refeição, assistência médica, remuneração variável e previdência privada.

Por ser uma empresa norte-americana, a profissionalização e a senioridade eram mais presentes no Brasil, pois acompanhava o modelo da matriz, inclusive já na utilização de ERP global de RH, People Soft. Além disso, o inglês era uma obrigatoriedade.

Ainda se mantém a senioridade dos profissionais, os mais jovens e estagiários recebem o desenvolvimento em suas funções. O relacionamento entre as pessoas é formal, porém menor, permitindo uma boa socialização.

Aqui meu desenvolvimento foi intenso, o que permitiu um aprendizado rico. Vivenciei a primeira fusão de empresa, as diferentes culturas, as expectativas, os medos e o primeiro PDV. Tive a vivência de contribuir diretamente no atendimento e apoio aos profissionais, assim como no suporte aos pacotes específicos que foram oferecidos.

Naquele momento, senti fortemente a essência do RH, a relação humana de escuta, apoio, empatia e inteligência emocional. Procurei ampliar a visão de que não era somente um processo a ser concluído, atendíamos pessoas num momento delicado da vida.

A minha identificação com a área aumentava e, acima dos desafios, havia o bem-estar por trabalhar com pessoas. Acompanhei de perto a abertura do mercado brasileiro a partir de 1994, quando as empresas iniciaram as melhorias de estrutura organizacional, já pensando em globalização. Com maior concorrência, o crescimento do RH acelerou a partir do ano 2000.

Em 2003, tive a oportunidade de atuar numa grande farmacêutica brasileira. O RH era mais estruturado em R&S, Treinamento, Remuneração, Benefícios e Desenvolvimento; já havia uma gestão maior com grandes desafios. Durante todo esse período, um fator muito importante sempre foi o atendimento aos funcionários para esclarecimento de dúvidas, atenção e acolhimento, atividades primordiais na minha jornada. Isso é um diferencial em toda a área de RH, e sempre será.

Em 2008, fui promovida para Business Partner (BP) e iniciei uma nova jornada. Recebi apoio dos profissionais da área, iniciei com pequenos passos e grande alegria na oportunidade que se abria. Nessa época, atuava numa multinacional de telefonia móvel e a expansão do RH era muito maior. Contávamos com RH estruturado, estratégico, tecnológico e preparado para as demandas constantes do negócio. Trabalhei com um time excelente, todos comprometidos e engajados com a gestão de pessoas; foi um excelente aprendizado.

Minha jornada continuou assumindo posições de gestão do RH em multinacionais até 2019, com desafios constantes na implantação da área no Brasil: políticas corporativas, desenvolvendo as locais; alinhamento contínuo nas estratégias de negócios; implantação dos sistemas corporativos; atuação efetiva com as áreas de negócios, suporte e com atendimento personalizado para cada gestor mediante as demandas na gestão de pessoas.

Além disso, tive parcerias importantes com as áreas administrativas e de suporte. Por quê? Porque a empresa é um organismo vivo e precisa atuar em conjunto. Se fizermos uma analogia com o corpo humano, se algo não estiver bem, teremos alguns colapsos e, provavelmente, doenças. O RH deve ser a área mais atuante dentro da empresa, por isso é necessário ampliar a sua contribuição para que esse organismo siga o melhor caminho em equilíbrio.

A tecnologia foi fundamental, os sistemas de folha de pagamento, controle de jornada, benefícios e ERPs chegavam em tempo real, permitindo a análise dos indicadores. Passamos a atuar mais próximos da matriz para acompanhamento e avaliação dos resultados, da legislação trabalhista, dos programas de desenvolvimento em andamento, tais como avaliação de desempenho, plano de sucessão, expatriados, treinamentos técnicos e comportamentais, dentre outros, sempre com olhar atento para as pessoas e o negócio.

Gestão de pessoas

Vivemos no capitalismo; resultados e lucros são fundamentais para o desenvolvimento da empresa. O avanço da tecnologia e a globalização acirraram a concorrência, e o fator inovação tem impactado os empresários na busca por melhores resultados e performance. Nesse contexto, a gestão de pessoas foi impactada ao longo dos anos.

No período de 1985 a 2019, acompanhei o crescimento da área, desde operacional e cumpridora dos compromissos, sem orçamento para investimentos, profissionais pouco valorizados até chegarmos ao modelo mais importante de RH, com atuação estratégica, protagonista, recebendo investimento, atento às pessoas e ao negócio.

Os desafios do ambiente corporativo há muito tempo estão presentes na literatura, nos congressos, nos *workshops*, com temas recorrentes, tais como: liderança despreparada, metas e resultados agressivos, falta de planejamento e foco nos negócios, falta de treinamento e capacitação dos times, empatia, inteligência emocional e tantos outros. O que vemos hoje são inúmeros assuntos relevantes na gestão de pessoas que não foram cuidados corretamente no passado, causando um agravamento da situação e que, na pandemia, vieram à tona com intensidade.

Se a empresa cresce por meio das pessoas, então por que ainda não temos essa gestão mais humanizada e efetiva? A conclusão é que ainda existe um longo caminho a percorrer para o efetivo desenvolvimento do RH, dos profissionais e da consciência das empresas na gestão de seus times.

Pandemia

Da noite para o dia, o modelo *home office* entrou em ação, e tudo foi adaptado para que os negócios continuassem em andamento, um chamado para inovação, criatividade e adaptabilidade.

Se as empresas já vivenciavam dificuldades na cultura e engajamento, liderança despreparada, problemas na produtividade e comunicação, como seria em *home office,* em que a distância física foi e ainda é uma realidade? A área de RH foi chamada para adaptação ao novo modelo de trabalho.

Os problemas de saúde mental já estavam presentes nas empresas, tratados de maneira velada e sendo procrastinados. Vivenciei muitos casos de profissionais com depressão, ansiedade e *burnout*, e tive um papel essencial de apoio ao profissional e à família.

Outro fato marcante foram as demissões ocorridas durante a pandemia, que agravaram a situação. Atendi muitos profissionais em transição de carreira, que já estavam doentes e que, no desligamento, apresentaram depressão e ansiedade, dificuldades para definir o novo objetivo profissional. Uma sensação intensa de alívio por sair da empresa, mas preocupados com o futuro.

O RH, durante a pandemia, ficou sobrecarregado, cansado em busca de soluções e alternativas para contribuir com os resultados da empresa, acompanhar as dificuldades e os desafios dos funcionários.

Será que a pandemia trouxe à tona que o RH é área estratégica e imprescindível nas empresas? Que o protagonismo da área contribuirá no desenvolvimento das relações humanas cujos resultados elevarão o desempenho das empresas?

Aqui deixo algumas reflexões com base na minha experiência na área.

RH hoje e futuro

Na 5ª edição da Pesquisa de Tendências de Gestão de Pessoas 2023, realizada pelo Great Place to Work, constata-se que, apesar das transformações, ainda existem muitos temas desafiadores no contexto corporativo. Destacamos as cinco prioridades na gestão de pessoas:

1. Desenvolvimento e capacitação da liderança.
2. Cultura organizacional.
3. Comunicação interna.
4. Experiência do colaborador.
5. Saúde mental.

No item 4 – experiência do colaborador –, trata-se da jornada, iniciada no recrutamento e seleção, *onboarding*, em que as boas-vindas e o acolhimento são fundamentais. Vamos para a fase de desenvolvimento e engajamento durante todo o período desse colaborador na empresa, com foco e atenção nos pontos a desenvolver e trilha de carreira, assim como nas ações para melhoria da performance e olhar atento aos talentos para novas oportunidades de carreira.

Essa jornada se encerra na demissão, na qual a atuação deve ser humanizada, a entrevista de desligamento amplia nossa visão e nos convida para as correções.

Todas as áreas da empresa estão inseridas na jornada do RH e interligadas, significando que, se uma área não atende plenamente aos requisitos, as demais serão afetadas.

O RH do futuro atua em alinhamento com os clientes internos; atua estrategicamente na inovação e na parceria, formando o DNA perfeito entre empresa e colaborador.

Profissional de RH: demonstre a sua importância

Minha experiência profissional e convívio com inúmeros profissionais proporcionaram um aprendizado intenso. Aprendi que nossos valores e princípios são fundamentais no mundo corporativo. Além disso, buscar o autoconhecimento, ter empatia, resiliência, posicionamento, comunicação e o essencial, gostar de pessoas, são muito importantes na jornada do profissional de RH.

O amigo e mentor C. Parada (2017), no seu livro *RH+ Seja um provedor de soluções*, enumerou algumas dicas que compartilho:

1. Siga sólidos princípios.
2. Seja empático.
3. Seja um provedor de soluções.
4. Esteja aberto a continuar aprendendo.
5. Tenha a coragem de dizer o que tem que ser dito.
6. Tenha a coragem de fazer o que tem que ser feito.
7. Conheça sua empresa.
8. Conheça o mercado e a comunidade onde a empresa atua.

O profissional de RH, hoje e do futuro, estará sempre em desenvolvimento e evolução, deverá estar atento aos movimentos e tendências dos negócios, ESG, economia e demais indicadores que se mostrarem importantes.

Lembre-se, profissional de RH, de que os desafios sempre existirão. Continue firme na carreira que escolheu, dê o seu melhor e, certamente, colherá bons frutos.

Referências

CHIAVENATO, I. *Gestão de pessoas: o novo papel da gestão do talento humano.* São Paulo: Atlas, 2022.

GREAT PLACE TO WORK. *Relatório tendências de gestão de pessoas.* 2023

PARADA, C. *RH+ seja um provedor de soluções.* São Paulo: Book Express, 2017.

8

RESULTADOS SURPREENDENTES DEPENDEM DE ATITUDES INTELIGENTES

Neste capítulo, abordamos a importância do desenvolvimento profissional dentro de qualquer organização. O objetivo é identificar a cultura de integração e treinamento dos colaboradores, lembrando que qualquer organização é movida por pessoas que desenvolvem atividades para apresentar resultados e levar ao almejado patamar do sucesso.

CELIANE PRIANTE

Celiane Priante

Contatos
celiprifa@gmail.com
Instagram: @celianepriante
LinkedIn: Celiane Priante Fabiano
11 95246 4246

Gestora financeira graduada pela Universidade Brás Cubas (2006), com pós-graduação em Controladoria Estratégica pela Universidade de Mogi das Cruzes (2011). Profissional atuante há mais de 15 anos em diversas organizações, como: indústrias, comércios e prestadoras de serviços. Com base nas experiências, sua missão é contribuir com gestores e líderes, por isso está em constante aprendizado em treinamentos e consultorias. Participou do programa de formação Líder Diamante (Elas na Liderança) e Líder Diamante Treinadora, com Márcia Rizzi; com Lily Lopes, participou do curso de Oratória. A sua carreira tem foco no desenvolvimento e no crescimento profissional dentro das organizações, junto ao sonho de ser escritora.

Hoje, a capacitação profissional vai muito além de uma graduação ou idioma, existem fatores importantes para seleção no momento de contratar um novo colaborador.

Entendemos que, além de cursos, graduações e especializações, é necessário que a empresa que busca um novo profissional capacitado e qualificado para desempenhar determinada função tenha metodologias, processos e ferramentas para que o novo colaborador seja integrado na equipe, podendo interagir e gerar resultados.

Em 2010, Chiavenato definiu o treinamento como sendo o processo educacional de curto prazo, aplicado de maneira sistemática e organizada. Conforme a citação, pode-se observar que o treinamento é algo que deve ocorrer no início do processo de contratação do novo colaborador, sendo parte da integração.

Dessa forma, identificamos a importância da integração e treinamento para o bom desenvolvimento, pois mesmo que a empresa esteja contratando um colaborador que já tenha experiência, ele está em um ambiente novo, sendo necessário entender que esse novo colaborador passa a ser um cliente interno, por isso a importância de apresentar a empresa de modo que possa impactá-lo.

Já ouviu falar em Fator UAU? É uma expressão criada pelo Disney Institute, responsável pelo desenvolvimento e capacitação profissional dos funcionários do grupo Disney. Só de citar a marca já percebemos algo encantador. Isso é tão verdade, que existe um livro chamado *O jeito Disney de encantar clientes*, que aborda os principais objetivos presentes na empresa, buscando encantar o consumidor, ou seja, o cliente externo.

E por que não buscar ferramentas para encantar o cliente interno?

Segundo Michael D. Eisner: "Não subestime o poder de um bom programa de orientação para criar um retrato da organização e de sua cultura na mente dos novos funcionários. Apesar de a história, a missão e os valores do negócio serem tão conhecidos quanto o conto de fadas preferido da sua infância, os novos funcionários ainda não os ouviram".

Então, como já dissemos, o colaborador é um cliente interno, e se a empresa buscar encantar esse cliente, certamente terá um colaborador encantado e motivado; dessa maneira, serão alcançados os resultados com mais eficiência.

Michael D. Eisner explica que construir culturas não é uma ciência. Na verdade, trata-se de um processo relativamente misterioso que, quando bem-feito, é capaz de unir a energia e emoções de toda a força de trabalho em única e focada direção. Para tanto, cita seis dicas para a construção de culturas, são elas:

1. Mantenha a simplicidade – todos devem se sentir à vontade com a cultura. Deixe espaço para individualidade e personalidade.
2. Faça que seja global – todas as pessoas, inclusive a administração, devem aderir.
3. Faça que seja mensurável – crie diretrizes específicas e incorpore-as ao processo de avaliação do desempenho.
4. Proporcione treinamento e *coaching* – incorpore os elementos da cultura ao treinamento dos funcionários e ao *coaching* contínuo de desempenho. Incentive a orientação entre colegas.
5. Solicite *feedback* e ideias da equipe – cultive um senso de responsabilidade e expanda o banco de ideias criativas, permitindo que os funcionários contribuam para o espetáculo.

6. Reconheça e recompense o desempenho – desenvolva a motivação dos funcionários por meio de programas de reconhecimento e recompensas formais e informais.

Os processos de uma empresa são regidos pela gestão, ou seja, cada empresa tem sua cultura de desenvolver projetos de acordo com as necessidades.

Falando ainda sobre cultura, ao ler o livro *Elas na liderança*, existe um capítulo escrito por Josiane Arantes que descreve sobre "Acultuliderança", que nada mais é que uma estratégia para desenvolver pessoas com princípios de aculturamento e imersão de propósitos.

A autora explica que o termo tem como base a boa gestão e desenvolvimento de processos, devendo existir um propósito para a ação. Para isso, ela indica três etapas que norteiam o processo de Acultuliderança, e são eles:

- **Identificar:** entender a necessidade para planejar um processo, ou seja, aculturar propósitos e expectativas.
- **Desenvolver:** elaborar um processo detalhado, com as ações correspondentes ao objetivo estabelecido.
- **Escalar:** executar o plano de ação, ou seja, colocar em prática o que foi desenvolvido, com foco no resultado.

Dessa forma, concluímos que adotar essa metodologia de Acultuliderança trará uma efetividade na gestão da empresa. Com apenas esses três passos, é possível desenvolver um processo eficaz em todas as áreas de uma empresa, mas principalmente a de integração e treinamento. O fato de falar sobre integração e treinamento é a base para o bom desenvolvimento e a certeza de excelentes resultados.

Quando nos deparamos com o novo, existe sempre um período de adaptação inevitável, seja em qualquer esfera de nossa vida. No livro *Tribos*, o escritor Seth Godin nos ensina com maestria o poder de estarmos conectados, não só por redes sociais ou mídias, mas onde vivemos e trabalhamos. Essa é a importância da integração nas empresas.

Seth Godin diz que um grupo precisa apenas de duas coisas para ser uma tribo: um interesse em comum e uma forma de se comunicar.

Então, por que vivemos em um mundo tão complexo e cheio de desarranjos? Porque não estamos conectados, há diversidade de interesses e falhas na comunicação.

Vamos procurar nossa tribo? Se considerarmos que estamos vivendo onde somos acolhidos, respeitados e fazemos parte do processo de crescimento e desenvolvimento, certamente consideraremos que fazemos parte desse grupo com foco e objetivos em comum. Dessa maneira, é mais fácil atingirmos os resultados.

No livro *Ser + com equipes de alto desempenho*, Marisa Fernandes cita o termo *Empowerment*, que faz muito sentido, já que o conhecimento é compartilhado com todos, ou seja, esse termo é o mesmo que fortalecimento. Isso significa que um grupo engajado, com propósitos e ações definidas, apresentará resultados surpreendentes.

Quando há engajamento da organização para proporcionar aos colaboradores integração, treinamento e desenvolvimento, automaticamente isso está sendo a chave do sucesso. Se o colaborador se sentir feliz e motivado, ele entregará resultados de modo eficiente.

De acordo com o desenvolvimento de cada colaborador, existe a necessidade de adaptar ou criar processos para que haja ordem e disciplina na execução das atividades.

Para que tenhamos eficiência nos treinamentos, se faz necessário priorizar a gestão do tempo. Sem a efetiva organização, deixamos de ser produtivos. Se observarmos em nosso dia a dia, existem muitos motivos que nos tiram o foco e atrasamos na entrega das atividades; não é por falta de interesse ou capacidade para desenvolver, mas é a falta de conhecimento para gerenciar o tempo.

Então, o planejamento diário é algo simples de ser executado? Parece que sim, mas na verdade não é; exige disciplina e comprometimento.

Porém, podemos dizer que tudo nessa vida é passível de adaptações, desde que haja foco e objetivo. Muitas das vezes é mais fácil dizer que não temos tempo do que nos organizarmos para sermos mais produtivos.

A autora Tathiane Deândhela, no livro *Faça o tempo trabalhar por você*, nos apresenta muitos exemplos de ladrões do tempo. Um me chamou a atenção, e digo que pode ser o mais difícil de ser gerenciado, mas vale muito a pena pensar e procurar meios para não ser assaltado por ele: a interrupção. Consegue imaginar como pode atrapalhar seu desenvolvimento?

Você sabia que, para mudar de uma atividade para outra, são necessários de 7 a 14 minutos para que a concentração se restabeleça? Vamos exemplificar em números. Se trabalhamos uma média de 8 horas por dia, sabemos que temos 480 minutos por dia para desenvolver nossas atividades, mas suponhamos que por 14 vezes no dia seremos interrompidos, ou para atender uma ligação ou para fazer alguma atividade; enfim, contabilizando desse modo, por uma média de 10 minutos para nos reconcentrar com o que estávamos desenvolvendo, temos uma perda produtiva de aproximadamente 140 minutos no dia, ou seja, 2 horas e 20 minutos de 1 dia de trabalho. Não irei mais a fundo, mas deixo aqui para você pensar: quanto tempo no mês você está deixando de ser produtivo?

Existem mecanismos que nos auxiliam a utilizarmos melhor o nosso tempo e essa também é uma ferramenta que pode ser estudada e desenvolvida desde o treinamento do novo colaborador, pois, dessa maneira, ele já ficará apto a executar suas atividades de modo eficiente, entregando os resultados de maneira surpreendente.

Nem sempre ter um manual de procedimentos se torna eficaz se não existir um treinamento na prática. Além do mais, os treinadores devem ser flexíveis, pois cada um é um ser único e as capacidades de aprendizado são individuais. Isso, em alguns casos, torna-se um fardo e, às vezes, pode gerar até um conflito no ambiente de trabalho.

É necessário que haja diálogo entre os colaboradores em geral, pois a formação de grupos e acepção de pessoas inibe o novo colaborador. No geral, o novato quer se sentir acolhido e, caso isso não ocorra, ele poderá se sentir retraído e travar o desenvolvimento do processo de aprendizagem.

O crescimento de uma empresa está 100% ligado às pessoas que formam o grupo, pois são elas que desenvolvem os processos e entregam os resultados.

A contratação assertiva é a peça-chave para o sucesso, mas não a mais importante, pois quem leva ao sucesso é o resultado.

Disse Ayrton Senna: "Eu sou parte de uma equipe, então quando venço não sou eu apenas quem vence, de certa forma termino o trabalho de um grupo enorme de pessoas". Se contratarmos pessoas que tenham essa consciência e estejam dispostas a atingir o nível mais elevado, certamente o resultado será o sucesso.

Quando nos permitimos, o crescimento vira hábito e estamos em constante aprendizado, porque errar e falhar serão parte do processo do conhecimento. Veja a frase de Augusto Cury: "Não deixe as frustrações dominarem você, domine-as. Faça dos erros uma oportunidade para crescer. Na vida, erra quem não sabe lidar com seus fracassos".

No início do capítulo, falamos sobre impactar e encantar o novo colaborador com o propósito de ter um colaborador feliz e comprometido com o resultado da empresa, pois automaticamente isso lhe trará resultados profissionais satisfatórios que elevarão a autoestima. O autor Shawn Achor (2014), no livro *O jeito Havard de ser feliz*, diz que a felicidade vem antes do sucesso. Pensando no bem-estar social e profissional, é interessante que, a partir de agora, façamos um planejamento organizacional para integração e treinamento de colaboradores.

Afinal, todo colaborador passa a ser parte de uma organização. Se não houver elo entre pessoas e bom trabalho em equipe, não haverá resultados satisfatórios que contribuam com o crescimento da empresa para se alcançar o sucesso.

Pense nisso! Reveja os conceitos, mude atitudes e tenha resultados.

Referências

ACHOR, S. *O jeito Havard de ser feliz: o curso mais concorrido da melhor universidade do mundo.* São Paulo: Benvirá, 2012.

DEÂNDHELA, T. *Faça o tempo trabalhar para você: e alcance resultados extraordinários.* São Paulo: Literare Books International, 2016.

DISNEY INSTITUTE. *O jeito Disney de encantar clientes: do atendimento excepcional ao nunca parar de crescer e acreditar.* São Paulo: Benvirá, 2012.

GODIN, S. *Tribos: nós precisamos que vocês nos liderem.* Rio de Janeiro: Alta Books, 2013.

RIZZI, M.; GARCIA, P.; CIPRIANO, Z. *Elas na liderança: desenvolvendo uma gestão mais humanizada.* São Paulo: Literare Books International, 2022.

RIZZI, M.; SITA, M. *Ser + com equipes de alto desempenho: como recrutar, selecionar, treinar, motivar e dirigir equipes para superar metas.* São Paulo: Literare Books International, 2012.

9

O COMPORTAMENTO HUMANO E SUA INFLUÊNCIA NAS RELAÇÕES DE TRABALHO E NO *COMPLIANCE*

Neste capítulo, abordaremos como as decisões estabelecidas na mente humana influenciam as relações de trabalho e, até mesmo, porque, em determinadas circunstâncias, as pessoas se sentem sensibilizadas e engajadas com programas ou ações corporativas e, em outros momentos, identificamos que empregados ou servidores demonstram estar desconectados com as premissas organizacionais.

CLEBER IZZO

Cleber Izzo

Contatos
izzo.cleber@gmail.com
YouTube: @compliancenapratica
Instagram: @cleberizzo
11 98367 9893

Advogado, professor e escritor. Possui 27 anos de experiência em recursos humanos & *compliance* em empresas como: CBSI/CSN, Sky Brasil (AT&T Grupo), Jaguar Land Rover, Grupo Ecorodovias e Ford Motor Company, na qual coordenou a área de investigações especiais na América do Sul por seis anos. Diretor de relações de trabalho no governo federal (2019/2022). *Green belt certified,* técnico em segurança do trabalho, professor no Senac por 12 anos; professor na Legal, Ethics & Compliance (LEC) há seis anos e recentemente na Escola Nacional de Administração Pública (ENAP). Diretor na Associação ABPRH (2017/2018). Coordenador de *investigações de fraude & compliance* na Comissão do Acadêmico e Acadêmica de Direito da OAB/SP. Membro das Comissões de *compliance* da OAB e IASP. Especialista em Liderança Sindical & Empresarial – FGV. Pós-graduado em Direito do Trabalho – ESA e MBA em Gestão de Pessoas – FIA-USP. Criador do canal @compliancenapratica (YouTube), no qual fala sobre recursos humanos, *compliance*, integridade, ética e comportamento humano nas relações de trabalho.

Os recursos e os humanos – verdadeiro RH

A área de recursos humanos (RH) possui papel fundamental na gestão do clima organizacional, nas decisões estratégicas e no relacionamento entre as pessoas dentro das organizações e empresas. Exemplo disso está, antes mesmo de ser admitido, quando ocorre o primeiro contato do candidato com a área de recursos humanos, também durante todo o período laboral em que o empregado ou servidor público está vinculado à sua área de origem, porém segue as diretrizes e os preceitos estabelecidos pela área de gestão de pessoas e, ainda, no processo demissional e homologatório, que ocorre por meio da área de RH, havendo o denominado término do vínculo empregatício ou contratual.

Seria pretensioso exaurir um tema tão relevante e que tem sido objeto de estudos há séculos, seja por médicos, neurocientistas, psicólogos e estudiosos do mundo inteiro. Neste capítulo, apresento de maneira sintetizada as principais características e comportamentos relacionados ao mundo corporativo e institucional, nas chamadas relações de trabalho.

A área de recursos humanos deve trabalhar em perfeito estado de equilíbrio, gerando lucro para os acionistas, atuando de modo estratégico e interativo com as demais áreas dentro e fora da organização, seja com os órgãos públicos, instituições e associações, porém é fundamental que entenda as necessidades das pessoas, capacitando-as e suportando-as para que possam entregar o melhor resultado. Afinal, tudo está relacionado com gente.

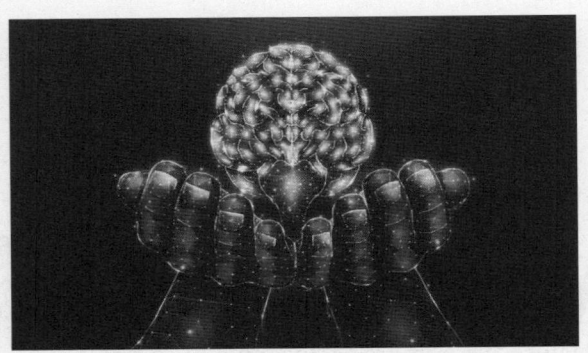

Fonte: https://www.freepik.es/vector-premium/ilustracion-vector-poligonal-
-mano-cerebro-humano-concepto-donacion-organos_34161942.htm

A diferença entre o cérebro e a mente humana

Sim, existe diferença entre cérebro e mente, e é importante sabermos a função de cada qual e como ambos interagem e influenciam o comportamento humano. O órgão cérebro é parte integrante do encéfalo, está protegido cuidadosamente em nossa caixa craniana e compõe o sistema nervoso central, responsável, dentre outras funções, pela projeção e associação motora, sensitiva, auditiva e visual.

Podemos dizer que o cérebro é a parte visível do corpo humano, o *"hardware"* do computador, pesa aproximadamente 1,3 kg, é composto por cerca de 90 bilhões de neurônios, sendo que 80% dele é água, recebe 25% do fluxo sanguíneo e, em modo de repouso, consome cerca de 20% da energia corporal, segundo estudos da Universidade de Harvard, nos Estados Unidos.

A conexão entre os neurônios, que são as principais células do cérebro é chamada de *sinapse* e ocorre por meio de milhões de disparos por segundo, produzindo informações químicas que são transformadas em energia elétrica capaz de acender uma lâmpada de 10 Watts.

A teoria do cérebro Trino, do professor e médico neurocientista norte-americano Paul MacLean (1990), classifica o cérebro em três diferentes níveis:

- Reptiliano (cérebro dos répteis): representa nosso instinto primitivo, ligado à sobrevivência e às necessidades básicas de luta ou fuga.
- Sistema límbico (cérebro dos mamíferos): está ligado as emoções, sentimentos, aprendizado, memória e intuição.
- Neocórtex (exclusivo do cérebro humano): é a classificação evolutiva responsável por nosso raciocínio, consciência e linguagem.

Segundo o especialista, nossas decisões são originariamente tomadas pelos dois primeiros cérebros (reptiliano e límbico) e, ao final, após decidirmos preliminarmente, a informação é "validada" pelo chamado cérebro *neocórtex*.

Outra classificação é a chamada divisão funcional do cérebro, estudada pelo professor estadunidense John McCrone, que divide o cérebro em dois lados:

a) Lado esquerdo: responsável pela parte lógica, racional, científica, analítica e pelos cálculos matemáticos; está ligado aos movimentos do lado direito do nosso corpo;

b) Lado direito: responsável por nossa criatividade, pensamentos, escrita, intuição musical e artística, formas 3D; está diretamente ligado aos movimentos do lado esquerdo do corpo humano.

A seguir, veja a descrição representativa dos dois lados cerebrais.

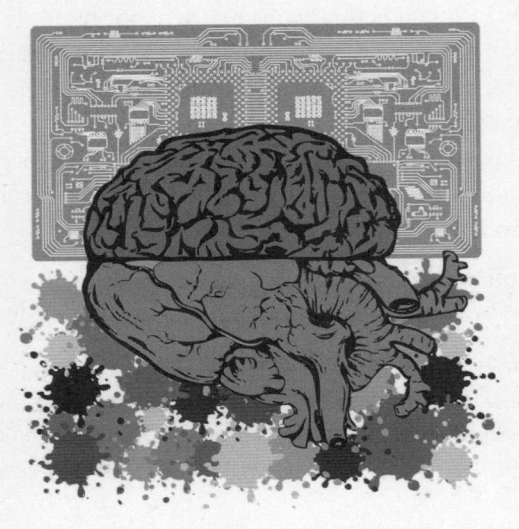

Fonte: https://www.vippng.com/maxp/moJxoo/

A mente humana é a responsável pela programação cerebral, ou seja, é o "*software*" do computador, a central de comando, e produz cerca de 50 mil pensamentos por dia, sejam eles voluntários ou involuntários. Construímos imagens a todo momento, sejam elas positivas ou negativas; aliás, nossa mente consegue trazer pensamentos do passado e projetar situações para o futuro.

> *A mente é tudo. O que você pensa, você se torna. Somos moldados por nossos pensamentos; nós nos tornamos aquilo que pensamos. Quando a mente é pura, a alegria segue como uma sombra que nunca vai embora. Não habite no passado, não sonhe com o futuro, concentre a mente no momento presente.*
> (SIDARTA GAUTAMA – BUDA)

A neurociência é a área da medicina que estuda o cérebro, a mente e suas relações com os demais órgãos do corpo humano, entretanto, a área de marketing está entre as que mais utilizam os estudos da medicina e da psicologia para influenciar as decisões das pessoas, seja no comportamento individual ou em grupo, tanto que, recentemente, surgiu a expressão neuromarketing.

A influência do comportamento individual nas ações em grupo

Uma característica importante no comportamento humano está nas ações e decisões que são tomadas pelos profissionais em seus diferentes níveis hierárquicos e que influenciam diretamente no ambiente de trabalho.

No dia a dia organizacional, diversas são as formas de interação entre as pessoas, cada qual traz consigo suas crenças, seus valores éticos e morais, características físicas, níveis de escolaridade e cultural, dentre outros aspectos. Ao ingressar em determinada organização ou instituição, ocorre a troca desses aspectos que são absorvidos e transmitidos simultaneamente entre as diferentes gerações, formando o que denominamos de cultura organizacional, o DNA local.

Já ouvimos dizer que o comportamento individual influencia no comportamento da equipe e vice-versa, ou seja, fica evidente que as pessoas inspiraram umas às outras apenas pelo modo como se expressam, falam, agem, por sua vestimenta ou até mesmo pela chamada energia que transmitem.

Ao longo da minha experiência profissional, identifiquei ocasiões em que, em uma determinada área, havia grande concorrência externa de candidatos (empregados) porque muitos queriam trabalhar com aquele determinado gestor e, em compensação, em outra área na mesma empresa ocorria o chamado *turnover*, ou seja, a rotatividade de pessoas naquela equipe era sempre alta. Um dos motivos identificados pelas ferramentas de gestão pela área de recursos humanos era o chamado "clima de trabalho", ou seja, as pessoas preferiam atuar com o líder que as inspirava, que as tratava como pessoas e não pelo cargo, que praticava a escuta ativa, utilizava o *feedback* e as avaliações de maneira correta e sempre respeitava as diferenças e enaltecia as qualidades individuais.

Como as empresas e instituições podem aprimorar o clima organizacional

Há ferramentas que auxiliam na gestão das equipes e que devem ser utilizadas pela área de recursos humanos no monitoramento do clima organizacional, tais como: pesquisas de clima, avaliações de desempenho individual, avaliações 360°, *feedbacks* contínuos, conversas individuais e em grupo e entrevistas de desligamento. Esses materiais são riquíssimos de informações, precisam ser utilizados de modo contínuo pelos líderes da organização e devem ser tratados como uma das formas de melhoria contínua na gestão de pessoas.

A área de *compliance*, por sua vez, deve atuar de maneira estratégica, interagindo com as demais áreas da organização, mapeando a saúde daquela determinada área ou instituição e não apenas atuando no recebimento de denúncias. Cito aqui a interação com a área de Treinamento & Desenvolvimento, Segurança do Trabalho, com os Serviços Especializados em Engenharia de Segurança e em Medicina do Trabalho (SESMT) e Segurança Patrimonial.

Da mesma forma, quando falamos nas relações de trabalho, um dos fatores que está diretamente ligado ao comportamento humano é a necessidade de aplicação correta e eficaz das medidas disciplinares, seja por parte dos gestores imediatos, pela área de recursos humanos ou *compliance*, a depender de cada caso e empresa. Sempre menciono nas minhas aulas que as ações corretivas precisam ser aplicadas com fulgor, ou seja, na forma e momento apropriados, pois é aquela sutil diferença entre o remédio e o veneno que, se aplicados em doses erradas, podem curar ou matar o empregado.

Como diz o professor e preparador de atletas Nuno Cobra, no poema a seguir, tudo está interligado e, para atingirmos nossa plenitude, devemos trabalhar em todos os campos do corpo humano, incluindo cérebro, mente e espírito.

> ...Mas o corpo esquecido
> cobra-lhes sustentação, o
> bem-estar, a disposição,
> o ar fresco pleno nos
> pulmões. Falta-lhes o sangue
> forte e vivo correndo nas
> veias. Então suas mentes
> agonizam e seus espíritos se
> apagam como luz noturna
> do farol da vida.

Referências

CALABREZ, P. Neurovox. Disponível em: <www.neurovox.com.br>. Acesso em: 24 maio de 2023.

FERREIRA, A. B. de H. *ZZZZZZ da língua portuguesa*. 8. ed. São Paulo: Positivo, 2014.

MCLEAN, P. D. *The Triune Brain in evolution: Role in paleo-cerebral functions,* 90. ed. Portland: Book News, 1990.

RIBEIRO, N. C. *A semente da vitória*. 90. ed. São Paulo: Senac, 2008.

SOBOTTA. *Atlas de Anatomia Humana*. 21. ed. Rio de janeiro: Guanabara Koogan, 2000.

10

COMO O SALÁRIO EMOCIONAL E O PROCESSO HUMANIZADO IMPACTAM O RESULTADO DO RH DA EMPRESA

Recursos humanos é o que está relacionado com o fator humano, pois cuida de pessoas. É importante criar ambientes saudáveis nos quais as pessoas possam buscar apoio e suporte. É cada vez mais comum ouvir sobre a saúde mental e RH humanizado. A preocupação que se tem em acolher o colaborador e otimizar todo o processo com ferramentas relacionadas à empatia e à inteligência emocional, gerando resultados cada vez mais importantes, com práticas humanizadas e destaque relevante no mercado corporativo. Garantindo assim, o sentimento de pertencimento e orgulho.

ELIZA FURUKAWA

Eliza Furukawa

Contatos
elizafurukawa@gmail.com
LinkedIn: linkedin.com/in/eliza-furukawa-
19 99903 6111

Formada em Recursos Humanos, com MBA em Gestão de Pessoas, Liderança e *Coaching*. É *personal coaching* e *leader coaching* pela Sociedade Brasileira de Coaching. Em 2019, participou como coautora na edição do livro *Coaching no DNA*. Atua na área há mais de 10 anos, em uma indústria do setor automotivo. No dia a dia, procura trabalhar e desenvolver a empatia e a inteligência emocional, formando um time com perfil de RH humanizado. A sua experiência e vivência no exterior contribuíram para que despertasse a habilidade em *Coaching* para aprimorar conhecimentos.

Recursos humanos é uma área que exerce um papel de extrema importância dentro de uma empresa, pois é por meio dos profissionais dessa área que se inicia a conexão e o alinhamento entre a visão, a missão e os objetivos da empresa com os colaboradores. Conseguindo medir, por meio de ferramentas e indicadores próprios de recursos humanos, o perfil e a satisfação de cada pessoa.

Geralmente, todas as atividades que são realizadas ou desenvolvidas dentro da empresa têm a participação deste setor, que atua fortemente em todos os processos para favorecer ou garantir os bons resultados.

É com o RH que se inicia o primeiro contato do colaborador com a organização, por meio do recrutamento e da seleção, seguido pela entrevista, a confirmação do vínculo, o *onboarding* e todo o desenvolvimento durante a contratação, que perdura até o término do contrato dentro da empresa.

Há alguns anos, a satisfação do colaborador não se mede apenas pelo salário em valor monetário. A remuneração que satisfaz inclui também outros fatores, como os benefícios que a empresa oferece, controlados pelo RH, os quais vão além do plano de saúde, cesta básica, cartões de alimentação e refeição, um item denominado como "salário emocional", relacionado ao atendimento das necessidades básicas, que só tem sentido se a satisfação é alcançada.

Porém, devemos considerar que as necessidades estão relacionadas diretamente ao perfil de cada geração. Sendo assim, nem sempre são iguais para as pessoas que pertencem à geração *baby boomers*, X, Y (ou *millennials*) e Z. As expectativas da geração são diferentes.

O salário que envolve os benefícios diferenciados oferecidos pela empresa é onde se trabalha o crescimento e desenvolvimento do colaborador, quando a empresa tem a preocupação, por exemplo, de ter pessoas com equilíbrio emocional elevado, boa saúde mental que gera um ambiente saudável e harmonioso. Quando isso ocorre, podemos considerar que a empresa cumpriu todos os requisitos para ser um bom lugar de trabalho.

Mesmo assim, quando se depara com problemas, incertezas e conflitos, o diferencial está na maneira como tudo é conduzido. Quando o salário emocional é visto como um fator relevante, as ações tomadas têm a tratativa regada com uma porção de empatia, resiliência e muito equilíbrio.

O salário emocional é um complemento ao salário financeiro, oferecido pela empresa, segundo o conceito de Felicidade Interna Bruta (FIB), que avalia o índice de bem-estar da população.

O colaborador sente-se acolhido pela empresa por meio dos recursos humanizados, e essa atitude cria conforto e sentimento de pertencimento. A rotina de trabalho do colaborador no dia a dia torna-se menos desgastante, ajudando-o a superar as situações de estresse e pressão, minimizando os impactos negativos.

É claro que há situações que vão além da competência do profissional do RH ou mesmo da diretriz da empresa, por exemplo, quando o benefício do convênio médico causa alguns desconfortos ou não satisfaz plenamente a necessidade do colaborador.

Nessas situações, o que realmente importa é a maneira que o setor de recursos humanos trabalha no caso dessa dificuldade, como a empresa recebe a informação do problema e busca maneiras de solucioná-lo com a devida atenção. Essa atitude faz toda a diferença.

Muitas vezes o fato de parar tudo que está fazendo para simplesmente sentar-se à mesa e ouvir a dúvida, demonstrando o sentimento de preocupação e compaixão, entender e sentir a angústia do colaborador referente a determinado tema já o auxilia muito.

O acolhimento tem papel de extrema importância, pois quando se consegue, pela empatia, ouvir e buscar as opções de resolução, o colaborador começa a enxergar o problema por outro ângulo e, a partir daí, em conjunto, pode-se buscar os meios para resolver a ocorrência.

É uma maneira de estender a mão, acolher e buscar ou direcionar o caminho. Particularmente, já vivi situações em que o colaborador sentia-se desamparado, não enxergava todas as ações que o gestor direto e membros do RH estavam realizando.

O momento que chamamos o colaborador para ouvir com calma sua preocupação, suas angústias e mostrar que tivemos a disposição de parar nossas atividades simplesmente para ouvi-lo e falar o quanto ele era importante, o que estava se fazendo para buscar o bem-estar dele na empresa, faz toda a diferença e sentido.

A partir de então, ele mudou o sentimento e as ações para tratar, enfrentar os problemas e seguir adiante. O que foi reconfortante é a situação de receber o *feedback* do colaborador: ao entrar no início da reunião, estava com um semblante sério, cheio de angústias e mágoas; após uma boa conversa, ficou bem e saiu melhor do que imaginávamos.

Um dos objetivos de trabalhar fortemente esse sentimento de pertencimento e desenvolver as ações com perfil humanizado é para manter e criar profissionais cada vez mais engajados e satisfeitos, pois, diz a lenda que, pessoas felizes produzem melhor.

E o foco é manter a saúde mental e física em boas condições para obter resultados benéficos para todos.

Pelo lado do colaborador, podem ser observados o aumento da satisfação e o desenvolvimento profissional e pessoal; pelo lado da empresa, os resultados podem ser observados pelos indicadores de absenteísmo, *turnover*, impactando o resultado econômico.

Se o resultado dos indicadores de ausências e desligamentos for muito alto, alguma ação precisa ser tomada com urgência. Existe grande chance de ter relação com o salário emocional. Nessa situação, um dos fatores mais importantes é garantir o sigilo e a confidencialidade.

Como setor de recursos humanos, devemos manter a prática de sigilo para garantir a integridade e a confiança do colaborador. Quando o volume de atestados impacta o resultado do absenteísmo e as ocorrências de pedido de demissão forem frequentes, é sinal de alerta para analisar e, se necessário, tomar as devidas atualizações.

Dependendo da situação, deve-se colocar em prática algumas técnicas de *Coaching*, entre quais a habilidade de ouvir e utilizar, de modo coerente, a maneira de falar e saber direcionar com eficácia a situação pontuada.

Com os recursos que estão ao alcance dos profissionais do setor, com perfil puramente humanizado, suporte e apoio de todos os gestores e da alta direção, vamos seguir em busca de soluções e fatores que sempre tornarão um RH diferenciado e humanizado, pois a nossa maior satisfação é desenvolver profissionais cada vez mais qualificados e saudáveis de maneira ética e eficaz.

No dia a dia, o RH deve atuar fortemente com todos os setores para acompanhar o ritmo e o desenvolvimento dos colaboradores. Todos os processos que envolvem o salário emocional favorecem, principalmente, a imagem da empresa. Quando o colaborador sente orgulho em trabalhar, aflora o sentimento de pertencimento. As boas práticas da empresa contribuem para o crescimento e o desenvolvimento dela e de todos que trabalham para tal finalidade.

Outro *case* que posso mencionar foi quando a família de uma colaboradora agradeceu todo o suporte e atenção que a empresa forneceu, por meio do RH, durante o afastamento dela.

Um dos fatores que a família relatou foi o sentimento de gratidão. Durante o período afastada, a colaboradora recebeu todo o suporte necessário. Lembro, com muita satisfação, o *feedback* que a mãe nos passou, informando que a colaboradora amava trabalhar na empresa e que, ao longo da sua vida, não conheceu nenhuma empresa que acolhia, que fazia questão em manter a entrega além do obrigatório, mas o Kit de Natal representava o agradecimento pela contribuição do trabalho durante o ano. Ou seja, mesmo em situação de afastamento, a colaboradora não era considerada como um número de matrícula, e sim parte do quadro de colaboradores, como todos os ativos.

Outra situação foi um colaborador que se sentia isolado e desprezado pela opção sexual. Foi realizado um trabalho para conseguir que ele enxergasse o seu valor pessoal e profissional, sem nenhuma relação com suas escolhas. Foi muito gratificante.

Enfim, conseguir deixar um legado é especial e primordial, além de ser muito satisfatório, inclusive quando as pessoas deixam de olhar o setor de recursos humanos apenas como um departamento pessoal que calcula a folha de pagamento, férias ou simplesmente demite. Pelo contrário, o RH é muito mais, as pessoas que trabalham no setor precisam ter um sentimento de empatia, de solidariedade, de muito equilíbrio emocional, ter a capacidade de não enxergar o colaborador apenas como mais um número. Esse tempo já passou, o fator essencial é enxergar e cuidar de cada colaborador com muito valor e de maneira diferenciada.

O RH humanizado é aquele que tem a sua atuação estratégica, sempre pensando em melhorar o bem-estar dos colaboradores da empresa, mantendo a otimização dos processos de maneira contínua para atingir resultados cada vez mais elevados.

E os resultados de todos esses processos de melhoria, de acolhimento, de valorização das pessoas podem ser mensurados quando a empresa aplica a pesquisa de clima, quando realiza a entrevista de desligamentos e no dia a dia, acompanhando os resultados dos indicadores.

A estrutura organizacional, os recursos e a implantação de mais tecnologias ajuda muito no crescimento da empresa, em sua lucratividade e na sustentabilidade, porém o controle de todo esse processo, gestão e contato com todos os colaboradores precisa ser administrado pelo RH.

Depois de um longo período de pandemia, de certa forma, muitas pessoas mudaram o seu perfil e o modo de pensar e agir. De maneira geral, a valorização de empresas com setores de RH que priorizam as ações humanizadas está em constante crescimento.

Quando a empresa, em vez de pensar somente na lucratividade, se preocupa com as necessidades de bem-estar de seus colaboradores, é muito visada por quem está buscando trabalho.

E isso só tende a gerar impactos cada vez melhores, pois quando se tem colaboradores saudáveis, ou melhor, quando a saúde mental está bem, consequentemente a saúde física também tem resultados positivos. A segunda situação depende muito da primeira condição.

Quanto aos problemas físicos, as dores musculares, por exemplo, podem ser curadas com a utilização de medicamentos, porém questões de saúde mental as desencadeadas pela insatisfação ou fatores psicológicos, apesar de poder ser curadas com remédios, podem ter um período de tratamento ou consequências muito mais tardias e graves.

Sendo assim, o RH precisa mudar o rumo das suas ações, quando identifica muitos problemas que têm uma correlação com o sentimento ou necessidades que estão diretamente impactadas com o salário emocional. Se no dia a dia ou na relação que se cria com o colaborador o RH identificar que as condições que favorecem o salário emocional podem ser comprometidas, é primordial que se realize um estudo de causas para levantar a possível causa raiz; traçar uma meta, um plano de ações e resolver a questão o mais breve possível.

E se o RH atingir as expectativas de resolução, o sentimento de satisfação será muito prazeroso, principalmente se essa ação tiver uma devolutiva com um *feedback* positivo.

Em suma, após trabalhar mais de 10 anos no setor de recursos humanos, acompanhei várias situações em empresas do segmento do comércio, de instituições financeiras, moveleiras e do setor automotivo. Independentemente do segmento ou do tamanho da empresa, nacional ou multinacional, a satisfação do colaborador depende muito de vários fatores. Nos últimos anos, de acordo com as condições pós-pandemia e as gerações novas, além da remuneração, as condições de trabalho e relacionadas ao salário emocional são muito consideradas na tomada de decisão no momento do aceite da proposta. Sendo assim, gostaria de mencionar que um dos meus objetivos a curto e médio prazo é desenvolver cada vez mais as habilidades, os conhecimentos e as condições para criar, realizar a gestão de uma equipe cada vez mais humanizada em uma empresa que tenha essa mesma preocupação e direcionamento. A satisfação de colher todos os frutos e benefícios dessa ação é de extrema relevância e valorização do meu perfil profissional.

É a condição para fazer jus ao setor que tem a missão de garantir o equilíbrio entre os interesses e objetivos da empresa com o bem-estar dos seus colaboradores, mantendo a motivação, a satisfação de trabalhar e permanecer a longo prazo na empresa.

11

BUSINESS PARTNER RECURSOS HUMANOS
UM APOIO ESTRATÉGICO PARA OS NEGÓCIOS

"*Business partner* é o profissional trabalhando na ponta e em linha com as estratégias, olhando para o presente e para o futuro, para dentro e para fora, interpretando e desenhando cenários e usando as ferramentas do design – empatia, colaboração e experimentação." (ORNELLAS, 2015).

FERNANDA FUZINELLI

Fernanda Fuzinelli

Contatos
fernanddinhafm@gmail.com
LinkedIn: Fernanda Fuzinelli
Instagram: @fernandafuzinelli
11 97485 6501

Graduada em Serviço Social e pós-graduada em Gestão de Pessoas. Carreira solidificada em recursos humanos há mais de 25 anos. Nos últimos anos, vem trilhando sua jornada profissional em desenvolvimento humano com foco no resultado e no alinhamento da estratégia de pessoas e negócio. Dedica-se ao encontro de seu propósito de vida, por meio de autoconhecimento, autoliderança e pela capacitação de conceitos técnicos e funcionais.

Minha grande missão e meu propósito são: ser uma facilitadora do aprendizado e um apoio para a liderança na promoção de um time feliz, competente e engajado, pronto para corresponder às estratégias do negócio.

Neste capítulo, você encontrará informações básicas sobre a atuação do *business partner* de recursos humanos sob a ótica de quem experimenta esta realidade com grandes desafios.

Bem-vindos a esta viagem!

As atividades e responsabilidades de recursos humanos vêm evoluindo muito e se transformado nas últimas décadas. No passado, a área era muito envolvida em procedimentos básicos, processuais, mecânicos e burocráticos; nas últimas décadas, ela está inserida na gestão estratégica, com novos desafios voltados para a valorização do capital humano e sua importância para os negócios.

Em 1980, David Ulrich, autor do livro *Human Resources Champions*, lançou o conceito de *Business Partner* (BP), na área de recursos humanos, que altera sua força de trabalho, direcionando e conectando-se ao negócio.

Conhecer o negócio e compreender a cultura da empresa são pré-requisitos para uma gestão eficaz. Aquelas empresas que possuem forte cultura e prezam por ela podem ter missão e valores também nas paredes, mas as pessoas as carregam no coração; faz parte do comportamento diário das pessoas que vivenciam, praticam e empenham-se em disseminar o que está escrito (BICHUETTI, 2011). Sendo assim, conhecendo a cultura da empresa, você passa a entender práticas e comportamentos diários, o que contribui para muni-lo de informações até mesmo para identificar talentos que mais se envolverão com esse ambiente, facilitando a adaptação, aumentando as chances de retenção e, consequentemente, os resultados.

Além de conhecer e compreender a cultura, é fundamental o *business partner* fazer uma verdadeira imersão no negócio da organização ao entrar nela: saber e entender sobre os produtos, serviços, processos, fabricação, cadeia logística de entrega, os requisitos de qualidade, clientes e concorrentes. O profissional precisa conhecer de perto as pessoas, os times, suas aspirações e necessidades. Desta forma, o trabalho de consultoria pode contribuir com dados e indicadores que impactarão diretamente nos resultados do negócio. E quanto mais ele conhece do negócio, mais se apropria de condições para apoiar a liderança nas mais diversas situações estratégicas.

Nesta relação, destaco a importância da atuação da equipe de recursos humanos junto à liderança, pois, quanto mais alinhados estiverem, melhores serão os resultados refletidos nas ações com seus liderados, no nível de engajamento dos colaboradores com a organização, nos clientes, nos investidores e até mesmo na comunidade.

Para isso, a liderança precisa compreender que são as pessoas que movimentam resultados; fazer a gestão delas é responsabilidade do líder e não do RH. Este é o passo zero para que a organização considere, de verdade, a área de recursos humanos como um parceiro estratégico do negócio.

O RH é o facilitador que proverá subsídios e ferramentas para que o líder possa conduzir sua gestão da melhor forma. Neste processo, a liderança deve manter o foco em atuar positivamente para elevar o nível de engajamento com sua equipe para que obtenha, como resultado, uma produtividade cada vez maior e um ambiente de trabalho agradável e saudável para trabalhar.

O BP de RH tem papel fundamental neste cenário: tudo começa compreendendo quais são as dores do líder, onde ele deseja atacar e de que forma o RH poderá auxiliá-lo, seus interesses e necessidades. Durante este diagnóstico, o líder também é avaliado para que possa fazer uma reflexão sobre suas competências e habilidades, e o que deseja desenvolver para atender os requisitos de sua posição, papéis e responsabilidades.

Para que todo esse suporte aconteça, é importante que o BP também faça uma reflexão sobre si mesmo, pois, além de conhecer e dominar as mais diversas práticas de RH, dados e ferramentas de gestão de pessoas, ele também precisa ter as competências comportamentais e socioemocionais necessárias para a função, como: comunicação, influência, resiliência, empatia, negociação e, sobretudo, ética e respeito. Esta reflexão fará que o profissional também identifique se possui tudo o que precisa para ser, de fato, um agente transformador. Ele precisa ser focado em identificar e oferecer o que a organização precisa e não o que o gestor deseja.

Para conhecer com propriedade as necessidades e a realidade dos líderes e de seus times, é preciso que você seja próximo a eles. Assim, poderá auxiliá-lo com soluções mais alinhadas ao dia a dia, que agreguem valor e façam sentido para o seu cliente. Ao captar as demandas, você as avalia tecnicamente e, se precisar de mais suporte para oferecer a melhor solução, poderá recorrer a outros membros da equipe de recursos humanos.

Vale ressaltar que cabe ao líder decidir como conduzirá as ações com seus liderados e não o RH. Cabe ao BP apenas contribuir com as informações, eliminar vieses inconscientes, propor rotas alternativas, orientar ou mostrar-lhes o benefício da reflexão, mas a decisão será sempre do líder.

Como ressaltei anteriormente, é muito importante manter a liderança capacitada, oferecendo os treinamentos e recursos necessários para que se faça uma boa gestão de pessoas. E aqui o meu alerta vai para o seguinte ponto: Como está o nível de maturidade profissional e emocional desse líder? Será que cada um possui a compreensão íntima de quem é? Como é sua atuação, o impacto das suas atitudes e comportamentos? Quais são seus bloqueios? O que o impede de avançar? Qual é o nível de relacionamento e cooperação que oferece aos seus liderados? Ele tem a preocupação com o impacto que suas atitudes geram no outro? Como ele tem influenciado positiva ou negativamente seu time? Será que está comprometido com o propósito e metas da organização ou está atuando em causa própria?

Como o foco do plano estratégico são as pessoas que trabalham na organização, o BP precisa ficar atento aos subprocessos de RH que estão presentes durante toda a experiência do colaborador e como eles contribuem diretamente nos resultados do negócio. Resumidamente:

- **Na atração e recrutamento** – o BP poderá auxiliar o líder desde o mapeamento do perfil da vaga (definindo o perfil mais adequado ao seu time, salário-limite para não gerar conflito com os que já estão na organização, competências necessárias, princípios e valores, alinhamento de expectativas) até o *onboarding*, no processo de integração. Neste processo, sendo bem conduzido, a liderança saberá quem está trazendo para somar em seu time; e o processo, sendo transparente para todos, tende a ter um time integrado e aberto para quem está chegando.

  Eliminar os vieses no momento do mapeamento de perfil ajuda a identificar novos potenciais candidatos que tenham aderência ao fit cultural da empresa e do líder requisitante.

- **No processo de desenvolvimento** – tudo começa com a identificação das demandas de treinamento e desenvolvimento da empresa e de cada área. A partir daí, o BP poderá auxiliar na oferta de recursos e ferramentas disponíveis pela organização. Algumas empresas já possuem ações e ferramentas predefinidas para cada público; neste caso, você deve conhecer as instruções de trabalho e procedimentos disponíveis. Caso sua empresa não possua algo assim, o BP poderá sugerir ações que atendam a demanda do cliente, bem como levantamento de investimento e recursos para a realização. Muitas vezes, a demanda pode ser geral para a organização, indicada pelos empregados ou específica.

- **No monitoramento de desempenho** – a avaliação de desempenho é uma das ferramentas mais utilizadas para gerir as competências. O papel do BP aqui é garantir que o líder conheça bem as regras, aplicação e monitoramento. O processo de transparência é fundamental para termos uma avaliação clara, justa e imparcial para cada avaliado. Não pode haver subjetividade, muito menos favoritismo.

Como forma de monitoramento do desempenho, ressaltamos aqui a importância do *feedback* constante, honesto e assertivo, sempre que necessário. O colaborador precisa saber em qual nível se encontra, o que é esperado e como está sendo visto. Para que tudo isso flua corretamente, se o BP identificar a necessidade de capacitação quanto a este tema, ele pode oferecer ferramentas ou mesmo treinamento para seu cliente sobre como dar e receber *feedback*. Existem boas literaturas sobre o assunto também.

- **Durante o processo de retenção** – neste aspecto, a organização tem sua parte de responsabilidade, oferecendo: bons benefícios, salário de acordo com o mercado, políticas e ações de reconhecimento, saúde, qualidade de vida, jornada de trabalho justa e atrativa, pagamento em dia, boas condições e recursos para o trabalho e engajamento da família.

Agora, quanto aos aspectos de liderança e equipe, o RH pode auxiliar o líder na promoção de pesquisas de clima, eventos setoriais de reconhecimento, de capacitação contínua e diálogos frequentes. Não estar atento aos seus liderados fará que a cada dia eles estejam cada vez menos engajados e alinhados com a organização. Este tema está intimamente ligado ao indicador de *turnover* da organização.

- **Nas celebrações e reconhecimento** – "Nada pode verdadeiramente substituir pequenas palavras de sincero apreço, bem escolhidas e ditas no momento certo" (SAM WALTON). Reconhecer genuinamente um colaborador e agradecê-lo faz com, que a pessoa continue ofertando o melhor que ela pode dar. O reconhecimento pode acontecer de diversas formas: *feedback* positivo, elogio, bônus salarial, treinamentos, entre outros. Seus efeitos provocam também satisfação, senso de pertencimento, engajamento e reforçam boas práticas. O BP apoia o líder nos programas específicos de reconhecimento, como também no uso do *feedback* e no encontro de oportunidades de comemoração (não apenas fazê-las quando o objetivo final for atingido).
- **A demissão** – é responsabilidade da liderança. O BP precisa avaliar o cenário, como essa liderança atua desde a construção desta decisão até efetivamente o desligamento do colaborador. Se necessário, prover treinamento abordando aspectos relacionados a esse processo para que o faça de maneira justa, humanizada e transparente; se conduzido inadequadamente, refletirá no clima da equipe e na imagem da organização.

Sim, são muitos os desafios; não obstante as mudanças do mundo serem velozes, as empresas precisam sempre revisitar suas estratégias diante das percepções do movimento do mercado ou governança política do país para se manter atrativas e competitivas, o que aponta a necessidade de também conhecermos justamente qual é a direção que a empresa seguirá para que os caminhos tenham a mesma simetria com nossas ações.

É primordial manter o alinhamento constante, uma comunicação clara, assertiva e fluida entre recursos humanos e o executivo desta organização.

"E para que os profissionais que atuam como parceiro do negócio tenham êxito em suas carreiras, é fundamental que desenvolvam a habilidade de ler cenários organizacionais" (CARLOS BALDESSINI), precisam saber servir, observar e refletir se as suas atitudes contribuem na construção de uma organização competitiva e com pessoas engajadas.

Esta é a minha experiência na implantação do modelo de *business partner* de recursos humanos. É um desafio levar a conhecimento de toda organização qual é o papel desse profissional, suas responsabilidades e atribuições. Trata-se de uma mudança de processo, uma quebra de paradigma. Construir com os executivos da organização, seus líderes e times uma relação de confiança para gerar credibilidade é fundamental, pois o *business partner* na unidade é a visão física que eles têm de recursos humanos.

Em um processo de implantação como este, cabe ao RH capacitar o time de liderança para o despertar da gestão de pessoas e a busca da sua melhor versão junto aos liderados. Levá-los a refletir quanto à necessidade de mudança de *mindset* é ir muito além de atingir metas processuais, demanda grande esforço diário; requer disciplina, atualização de conhecimentos técnicos, resiliência, empatia e foco no propósito, como também o apoio total do gerente de recursos humanos nesse modelo.

Vejo nesta experiência de implantação do modelo BP uma grande oportunidade para revisitar conceitos e práticas construídas ao longo da minha jornada profissional, estimulando a busca constante por novos conhecimentos, inovações e metodologias. Fortalece-me e me inspira ainda mais a fazer o meu trabalho.

Espero que este capítulo tenha contribuído de alguma forma; desejo sucesso na sua jornada profissional!

Referências

BATTESTIN, F. *O papel do business partner – uma nova atuação do RH*. São Paulo: Gregory, 2021.

BICHUETTI, J. L. *Gestão de pessoas não é com o RH*. Larousse Brasil, 2011.

OLIVEIRA, C.; PENNA, G. *Great leader to work: como os melhores líderes constroem as melhores empresas para trabalhar*. São Paulo: Primavera Editorial, 2021.

ULRICH, D. Human Resources Champions. Boston. *Harvard Business School Press*, 1980.

12

RH
PARCEIRO ESTRATÉGICO NO DESENVOLVIMENTO DE LIDERANÇAS

O papel da liderança passa por grande transformação, motivada por mudanças sociais que impactam os indivíduos, suas relações pessoais e profissionais. Vivemos uma inversão no processo de aprendizagem, em que, em razão da tecnologia e dinâmica no mundo do trabalho, os mais novos detêm conhecimento que as gerações mais maduras não têm. Atitudes inovadoras são demandadas e o resultado é muito conflito; positivo, porém doloroso. Liderar nesse cenário implica adotar atitudes inovadoras e desenvolver novas competências, integrando o velho e o novo para que a sobrevivência do negócio se dê. O profissional de RH é o parceiro ideal para repensar esse processo tão desafiador.

LAURO ESCAÑO
E DORA OLIVEIRA

Lauro Escaño

Contatos
lauroe@gayah.com.br
Instagram: lauroescano.psi
LinkedIn: Lauro Escano
11 99915 5680

Psicólogo, psicanalista e consultor organizacional. Viveu toda a efervescência de mudanças sociais no final da década de 1980, quando cursava a faculdade de Psicologia na Universidade Metodista em São Bernardo do Campo/SP. Desenvolveu carreira exercendo o papel de gestor na área de recursos humanos em empresas do setor de autopeças. Como empreendedor, fundou a Gayah Desenvolvimento Profissional, focada no segmento de formação e desenvolvimento de lideranças há 27 anos. Ao longo dessa trajetória, o estudo dos aspectos sociais e individuais que influenciam a maneira de estabelecer laços com o trabalho fez que algumas especializações, como a psicossomática e a psicanálise, fossem realizadas para entender todo o processo de mudança e, por vezes, o sofrimento observado nas lideranças. É membro do VÃO Coletivo de Psicanálise e Contemporaneidade e participa do projeto de psicanálise inclusiva, atendendo jovens.

Dora Oliveira

Contatos
dorasachs@gmail.com
LinkedIn: Dora Oliveira
11 98935 6217

Administradora graduada pela Universidade Paulista, com pós-graduação em Psicologia Junguiana pelo Instituto Junguiano de Ensino e Pesquisa (IJEP), especialização em Administração de Recursos Humanos pela Fundação Getulio Vargas (FGV). Aprofundou conhecimentos no exterior, nos cursos *The Development of Human Talents for the 21st. Century* – Univesity Central of Flórida (EUA), Dimensões Internacionais da Administração de Recursos Humanos (Alemanha) e *Structuring of a Continuing Technical Program for the Strengthing of the Brazilian Automotive Parts,* Agência de Cooperação Internacional do Japão (JICA). Constrói carreira em gestão e desenvolvimento de pessoas há mais de 27 anos, conectando soluções educacionais a estratégias de negócio para alavancar resultados e produtividade da indústria de autopeças no Brasil.

A transformação e a evolução do mundo sempre foram constantes, mas o que presenciamos hoje são mudanças que ocorrem numa velocidade nunca vista antes, impulsionadas principalmente pelas novas tecnologias, que crescem de modo exponencial, impactando a maneira de fazer negócios, a economia e, consequentemente, a forma como vivemos, como nos relacionamos, como pensamos e como fazemos as coisas.

Entendemos que o cerne dessas transformações está dentro das empresas; nelas, podemos experimentar e vivenciar grande parte das mudanças. Esse processo contínuo e intenso exige que as organizações se adaptem cada vez mais rapidamente e que sejam mais flexíveis, criativas e inovadoras (BAUMANN, 1988).

Diante de tantos novos desafios impostos por um mundo cada vez mais volátil, incerto e complexo, que vem transformando a sociedade de diversas maneiras e impactando os negócios, as lideranças têm cada vez mais papel importante e crucial, sendo o fio condutor para construir relações e conexões com as pessoas.

Para fazer frente a esses desafios, é fundamental desenvolver novas habilidades, encontrar novos caminhos, promover aprendizado contínuo, mudar o *mindset*, descobrir formas diferentes de fazer as coisas e liderar pessoas, assegurando que as organizações e os indivíduos prosperem.

Esse forte ritmo de mudanças parece estar afetando a todos, principalmente aos líderes dentro das organizações, gerando a impressão de estarmos sempre aquém das demandas propostas.

Vale destacar que as considerações aqui colocadas são parte do trabalho de desenvolvimento das lideranças e do olhar clínico sobre como as pessoas se relacionam com o universo corporativo, relatadas na clínica. Essa escuta traduz cerca de 30 anos com lideranças de operações do setor automobilístico. Ambiente este que, tradicionalmente, é tecnológico, normatizado e muito competitivo, com nuances conservadoras em seu modelo de gestão.

Pensando no exercício de liderança sob o enfoque da psicanálise, acabamos naturalmente associando a figura do líder com a figura de autoridade primeva, aquela que, desde nossa infância, ocupava o lugar da autoridade.

Na sequência, vamos à primeira infância, entre 2 e 3 anos de idade, quando passamos a ser dotados fisiologicamente do controle muscular dos esfíncteres, responsáveis pelo controle das fezes.

Segundo Freud (1982), no processo de desenvolvimento psicossexual, e mais precisamente na fase anal, quando a criança descobre essa possibilidade de controle, passa a ter prazer em fazê-lo, mas também passa a poder desafiar a figura de autoridade que solicita, por vezes de maneira imperativa, que o cocô ou o xixi sejam feitos em local adequado.

Essa experiência de prazer, autonomia fisiológica e possibilidade de afrontar a autoridade, somada ao fato de as fezes simbolicamente serem a expressão de nossas primeiras obras, marcam nossa primeira experiência diante da autoridade e, eventualmente, da liderança; também a forma como essa criança futuramente lidará com as questões relacionadas ao controle, às regras e até à possibilidade de ousar e inovar, associando a inovação com a ruptura, ao *status quo* e aos padrões preestabelecidos. A resolução da situação pode servir de referência inconsciente de futuras posturas no exercício da liderança ou na sua relação com ela.

Ao longo dessa visão de desenvolvimento, até o final da adolescência (FREUD, 1923, p. 19), novamente a figura da autoridade servirá de referência em diversos momentos no processo de identificação na busca da consolidação da identidade do sujeito.

Assim como nossas referências parentais vêm sofrendo mudanças, nosso modelo de liderança também sofre esse impacto. Há necessidade de desenvolver nova perspectiva e dinâmica das lideranças ao longo de toda a cadeia de comando nas organizações. Elas necessitam ampliar sua forma de encarar as equipes e ajustar sua estratégia de comunicação, para que, com sinergia, possam atingir metas e superar desafios. A atitude mais individualista das novas gerações dificulta e justifica a necessidade de maior flexibilização e ressignificação do papel da liderança.

Acreditamos que grande ponto de inflexão seja assumir uma postura mais colaborativa e efetiva, que proponha conexão e engajamento, ressignificando as relações de trabalho. Liderar as novas gerações pressupõe esforço constante de comunicação assertiva, em que a conexão deve ser estabelecida e cuidada para que todos se sintam importantes e inseridos no trabalho da equipe, respeitando e escutando possíveis dificuldades e dúvidas para que a equipe se sinta pertencente.

Talvez tenhamos, nesse ponto, uma das grandes mudanças referenciais da autoridade do líder. No passado, ser forte, superar questões pessoais e desconsiderar aspectos emocionais eram atitudes tidas como forma de competência e força. O profissional deveria "passar por cima de tudo e, se possível, deixar o mundo de casa ou o pessoal lá fora".

Hoje, diversificar estilo, alternar fórmulas de comunicação, cuidar para que os ruídos de uma comunicação agressiva não comprometam os laços é fundamental para que a confiança se instale, até mesmo para que feedbacks possam ser feitos dirigindo e orientando para a realização das tarefas.

Concluímos que o que sentimos no trabalho, bem como o que vivemos fora dele, é importante e interfere na construção de um ambiente dinâmico, positivo e atrativo à recepção e à permanência dos jovens colaboradores que conduzirão as organizações para o futuro.

Nesse momento, a ação mediadora, a parceria e a referência dos profissionais de RH são decisivas. Fazer o contraponto e demonstrar interesse pela preservação da saúde física e mental, ter uma escuta ativa que respeite as emoções e seus impactos na relação com o trabalho, entendendo que isso promove um ambiente produtivo e sustentável, em que a maioria quer trabalhar, é um papel que, além de gerar bons resultados, possibilitará a continuidade do negócio.

Nunca, em outros tempos, as organizações tiveram tanta dificuldade de recrutar e, principalmente, reter jovens talentos. Não podemos nos esquecer de que a atual geração deverá entregar um planeta, uma sociedade e uma organização, se não melhores, no mínimo, em condições de evolução.

A posição de evidência ocupada pela área de RH, por vezes, coloca esses profissionais na condição de constantemente observados, muitas vezes servindo de exemplo em sua maneira de relacionamento com os colaboradores. A força desse exemplo supera em muito o investimento em *slogans* corporativos, painéis contendo os valores organizacionais e horas de programas de desenvolvimento direcionados à liderança da empresa.

A proximidade e a conexão desses dois atores, RH e liderança, são decisivas para que o processo de mudança, quase que disruptiva, se dê. Apoiar, estimular o novo modelo, desconstruir o antigo, que tão fortemente está internalizado e que traz a fantasia de que a figura da liderança está associada à imagem inconsciente da figura do herói, figura esta carregada de esforço, obstinação e força, mas que também desconsidera limites, e que, como tal, quase sempre carrega consigo a sombra de uma tragédia. A desconstrução dessa imagem e a apresentação de opções é papel fundamental da área de RH.

Conexão e significado são princípios da boa comunicação que se importa com o outro (cliente e colaborador) e entende que ele é parte importante no processo produtivo. Escuta ativa e fala assertiva, baseadas em critérios e valores, podem promover engajamento por meio do respeito. Isso tudo, se temperado com fala com certo grau de bom humor, cuidado nas palavras e disposição de contar histórias profissionais, pode servir de estímulo e inspiração aos mais jovens, contribuindo para a melhoria na qualidade e intensidade da comunicação e, consequentemente, na eficácia do exercício do papel de líder.

Com isso, tomamos o cuidado em fugir dos "sermões" ou das frases de efeito, como "no meu tempo". Relatos que possam demonstrar emoção, afeto, acertos e, principalmente, erros e as alternativas para superá-los nos apresentarão narrativas que demonstram a humanidade tão necessária em tempos tensos e exigentes.

Até bem pouco tempo atrás, em meados do século passado, a figura da autoridade era representada quase que exclusivamente pela figura paterna. Essa realidade repercutia no mundo do trabalho, fazendo que a figura do líder também fosse associada ao masculino. Havia um cenário com poucas mulheres exercendo esse papel e, quando havia, o modelo de liderança era necessariamente masculino, até para que pudesse ser absorvido pela cultura organizacional da época.

Graças a ações de bravas guerreiras, o modelo foi sendo modificado; e, apoiando-se na mudança social na qual a figura de autoridade sofre abalo, nova forma de gestão mais próxima, sensível e cuidadosa passa a estar presente. Atualmente, a nova configuração familiar, a presença definitiva da mulher no universo do trabalho e a revisão da figura paterna e, consequentemente, sua relação com a autoridade, sofreram grandes mudanças, trazendo impactos aos modelos de gestão de pessoas em que a informalidade, a agilidade e a simplicidade ganham espaço e força nas organizações.

Outro aspecto a ser considerado são os efeitos trazidos pela pandemia dos últimos anos. As perdas e a necessidade de rápidas e grandes mudanças fizeram que as lideranças e as áreas de RH passassem a lidar com o fator emocional como grande variável. A instabilidade emocional, a ansiedade e a depressão, bem como o sentimento de perda real vivida por muitos, geram sentimento de mais fragilidade e instabilidade, que precisa ser contemplado com as equipes.

A experiência vivida às pressas do *home office* gerou desequilíbrio e instabilidade a uma liderança que teve de viver a relação virtual, fazendo ajustes e interações em condições bem inusitadas e, por vezes, complexas. Essas condições fizeram com que fatores emocionais, como insegurança, dificuldade em tomar decisões, administração do tempo e planejamento, além da necessidade de ajustes nos canais de comunicação, fossem temas que, de maneira imperiosa, foram tratados em conversas, reuniões, treinamentos e *feedbacks* entre a área de RH e o grupo de lideranças e equipes (HAN, 2017).

Quanto às lideranças, para a tão buscada conexão e ressignificação do trabalho, que são condições para maior integração e engajamento das equipes, passa-se pela prática de flexibilização dos estilos de liderança, das situações e das equipes. Considerando-se que não há fórmula ou uma única estratégia que funcione plenamente, em cenário tão líquido, tão diverso e com tantos desafios, a saída proposta é diversificar os estilos e buscar o manejo da situação, com base na especificidade da tarefa a ser realizada e no perfil da equipe.

Os estilos em questão são os apresentados por Daniel Goleman (2002), os quais oferecem variação bem interessante de tons, em que a liderança situacional pode movimentar-se orientada pela equipe e pela tarefa a ser executada. Isso, se bem trabalhado, gera maior abrangência, potência e autonomia da liderança na condução das equipes e das operações.

Os estilos mais tradicionais e dissonantes – modelador e coercitivo – são ainda muito presentes nas organizações e apresentam bom grau de aplicabilidade. Eles são úteis nos momentos de crise e em situações de baixo grau de maturidade das equipes. O grande risco desses dois estilos vem do fato de serem eficazes, porém com forte potencial de desgaste se utilizados por muito tempo. A parcimônia e a observação atenta da evolução da equipe, bem como seu amadurecimento, são indicadores de necessidade de mudança, sob risco de desmotivação e perda de desempenho.

Já os estilos agregador, democrático, *coach* e visionário são mais bem aceitos pelas equipes, promovendo maior sinergia, principalmente com participantes mais jovens ou com paradigma de liderança mais atualizado. Esses estilos são fortes no aspecto de desenvolvimento e requerem comunicação e *feedback* mais frequentes e contínuos, visando a conexão das metas corporativas aos propósitos profissionais das pessoas.

Finalizando, como disse Jacques Lacan (1998, p. 31), "um analista necessita estar à altura da subjetividade de seu tempo". Em adição, a liderança necessita manter a sintonia com o seu momento histórico. Nessa jornada desafiadora, é essencial ter a área de recursos humanos como parceira estratégica para estimular, engajar, propor, acompanhar e, muitas vezes, servir de referência para a nova postura nas organizações.

Referências

BAUMANN, Z. *Modernidade líquida*. Rio de Janeiro: Zahar, 1988.

FREUD, S. *Três ensaios sobre a sexualidade*. Lisboa: Livros do Brasil, 1982.

FREUD, S. *O ego e o id e outros escritos*. Vol. XIX. Rio de Janeiro: Imago, 1923.

GOLEMAN, D.; BOYATZIS, R.; MCKEE, A. *O poder da inteligência emocional*. Rio de Janeiro: Campus, 2002.

HAN, B. C. *A sociedade do cansaço*. Rio de Janeiro: Vozes, 2017.

LACAN, J. *Escritos*. Rio de Janeiro: Zahar, 1998.

13

QUAL É A EXPERIÊNCIA QUE VOCÊ, COMO LÍDER, QUER PROPORCIONAR ÀS PESSOAS DO SEU TIME, AOS SEUS PARES E À SUA ORGANIZAÇÃO?

Neste capítulo, líderes e organizações encontrarão elementos fundamentais para reavaliarem suas práticas de gestão de pessoas em tempos de transformação exponencial. Cultura de aprendizagem, segurança psicológica e inteligência coletiva são a base para uma jornada de liderança que converge competências tanto tecnológicas quanto humanas. Em um mundo de experiências, o que você proporciona como líder passa primeiro pelo seu processo de autoconhecimento.

MAIANE BERTOLDO LEWANDOWSKI

Maiane Bertoldo Lewandowski

Contatos
maianebl@yahoo.com.br
LinkedIn: Maiane Bertoldo Lewandowski
Instagram: @maianebl
Facebook: @maiane.bertoldolewandowski

Apaixonada por estudar o comportamento humano organizacional, materializou esse estudo nas formações em Psicologia e Ciências Sociais e, mais tarde, em *Coaching, Mentoring* e ferramentas de *assessment*. Pós-graduada em Avaliação Psicológica e Psicologia Organizacional. Certificada mestre em Gestão e Negócios, pela Unisinos/RS e pela Université de Poitiers/FR. Sua dissertação sobre desenvolvimento de gestores médicos recebeu menção honrosa francesa e foi premiada como melhor trabalho no SEMEAD da FEA/USP. Sempre atuou no setor de serviços, na área da saúde há mais de dez anos, com a oportunidade de ser gestora de recursos humanos em Porto Alegre, Brasília e São Paulo. Atualmente, é consultora de recursos humanos na Sociedade Beneficente Israelita Brasileira Albert Einstein, além de atuar como docente, mentora, conteudista e tutora. Dedica-se aos trabalhos voluntários como mentora de mulheres e de jovens em busca de desenvolvimento de competências socioemocionais, assim como à avaliação de *cases* de gestão de pessoas em premiações representativas da área.

> *Nenhum de nós é tão inteligente quanto todos nós juntos.*
> WARREN BENNIS

O exercício da liderança vem ganhando novos contornos com todas as mudanças nos modelos e formas de trabalho. Ser *tech* e *touch* nunca foi tão necessário para a gestão de pessoas e organizações. Mas não se trata de uma missão simples, já que envolve o aprendizado constante de profissionais, líderes e toda a cadeia de valor.

A mudança do *to do list* (fazer) para o *to be list* (ser) direciona o foco do líder para a coerência entre seu propósito, visão e valores. Conhecer e liderar a si mesmo torna-se o motor para criatividade, empatia, cooperação e adaptabilidade.

Nas aulas, cursos e *workshops* que desenvolvo, faço um paralelo da jornada do líder com a jornada do herói, de Joseph Campbell (2013). Não com o intuito de compará-lo a um herói dos cinemas ou dos quadrinhos, mas como uma pessoa que tem sua rotina alterada por um desafio. O herói é desafiado a sair do seu mundo comum e conhecido rumo ao desconhecido. Mesmo com medo e sem estar preparado, aceita. Não seria este o desafio da liderança?

Ao seguir seu caminho, o herói encontra um mentor que o aconselha e se torna seu aliado. À medida que avança, é colocado à prova, encontra outros aliados e enfrenta inimigos, aprendendo as regras desse mundo desconhecido. Ao adquirir conhecimentos e autoconfiança, colocar em prática suas descobertas e identificar seu propósito nesse papel, o líder supera seus medos e percebe que sua mochila está mais robusta.

Ao retornar com seu elixir, ele percebe que seu mundo não é mais o mesmo, porque ele também mudou. E continuará sua jornada impactando os profissionais do seu time, da sua área e da sua organização, pois compreendeu que "aprender a aprender" é sua competência mais valiosa.

Quando colocamos a aprendizagem como prioridade, seja sobre nós mesmos, as outras pessoas e o contexto, não fortalecemos apenas as competências técnicas relacionadas à nossa área de atuação, mas também nosso autoconhecimento. Isso porque qualquer aprendizado novo tem o potencial de nos fazer olhar mais uma vez para os nossos valores, hábitos, forças e fragilidades. Tal visão renovada pode nos tornar mais conscientes de quem somos e daquilo que desejamos nos transformar.

Chamado à aventura: antifragilidade e os desafios para os líderes e organizações

> *A consciência da complexidade nos faz compreender que não poderemos escapar jamais da incerteza e que jamais poderemos ter um saber total.*
> EDGAR MORIN

Turbulência, incerteza, ansiedade e ambiguidade são impulsionadores das nossas vidas, como exemplificam os acrônimos VUCA (volátil, incerto, complexo, ambíguo), atualizado no pós-covid como BANI (frágil, ansioso, não linear, incompreensível) e TUNA (turbulento, incerto, novo, ambíguo). Por isso, a jornada da liderança se inicia pelo reconhecimento do mundo externo.

Se o contexto muda e está em constante transformação, nós também mudamos. E para darmos conta desse processo de autoconhecimento, devemos encarar a vulnerabilidade. Saímos do campo das certezas para o campo das perguntas: Isso faz sentido? Que sentido novo preciso buscar?

A decisão do "como" navegar nesse cenário com uma postura antifrágil, aberta ao desconhecido e com foco na adaptabilidade passa pelo pensamento crítico e olhar analítico de mudar o modo de perceber. Somos preparados para ação no ambiente organizacional, tanto para gerar resultados como para utilizar metodologias e ferramentas inovadoras. No entanto, quando dedicamos tempo ao agir – "o que podemos buscar e como fazer" –, junto ao pensar – "por que fazer e qual é o sentido disso"? – e ao sentir – "como podemos nos conectar com as pessoas e seus sentimentos? –, torna-se possível ser um líder atuante no caos.

Ao compreender que certeza é diferente de clareza e que reagir é distinto de agir, as organizações poderão permitir e estimular a habilidade de transitar pela complexidade.

Para que o modo antifrágil seja praticado com todo seu potencial, além da consciência de fatores externos inesperados, a criação de um ambiente favorável e a flexibilidade ativada, é preciso entender todos os impactos da cadeia e suas inter-relações, bebendo de diferentes fontes de conhecimento e contando com a conexão de saberes da rede organizacional.

Encontro com o mentor: da complexidade à prática e o desconforto do exercício da liderança

Se você quer ir rápido, vá sozinho.
Se você quiser ir longe, vá acompanhado.
Provérbio africano

À medida que a jornada avança, o líder se depara com o desconforto de estar nesse papel, reavaliando suas crenças e propósito, inclusive ao reconhecer sua inabilidade em relação às necessidades do caminho. Nesse ponto, cabe a reflexão: "Do que você não abre mão? Nos momentos que importam, quais valores você quis defender e proteger? O que faz você se sentir energizado? O que te dá um profundo sentido de realização?".

A liderança é uma decisão e não há como seguir nessa jornada em tempos de turbulência e ambiguidade, sem entender e compartilhar sua história pessoal de liderança. O que o trouxe até aqui? Para que você se preparou? Mas a boa notícia é que não se está só nesse percurso. Seja com um mentor informal ou um mentor decorrente de um programa organizacional formal, seu papel é provocá-lo e inspirá-lo em relação à condução do seu percurso.

Por meio da troca de conhecimentos e experiências entre mentor e mentorado, o líder percebe não estar só e experimenta novas ferramentas, com o desafio de encontrar o próprio estilo de liderança. A jornada da liderança não precisa ser solitária, o novo deve ser construído com a equipe, pares e aliados na organização.

Liderança é uma obrigação e um trabalho árduo, pois se vive por meio da presença e da intenção: ao demonstrar vulnerabilidade, enfrentar os conflitos, ter conversas corajosas, investir na qualidade das relações e ao desenvolver a cultura da responsabilidade. Mais do que um papel organizacional, a liderança é um dever pessoal.

Provações: caixa de ferramentas do líder para construir segurança psicológica

> *A vulnerabilidade é a nossa medida mais precisa de coragem.*
> BRENÉ BROWN

Time alinhado é diferente de time compromissado. Invista e prepare-se para a segunda opção, pois ela privilegia a diversidade cognitiva. Liderança deve ser encarada além das características individuais, mas como uma condição sistêmica, pois, além da gestão de times diretos, é necessário influenciar profissionais fora do escopo hierárquico. Para ser ponte do momento atual para o futuro, o líder do agora deverá migrar do egossistema para o ecossistema.

Em linha com a sustentabilidade, é necessário o estabelecimento de um modelo de liderança intencional e que as organizações estimulem e preparem seus profissionais para liderar de maneira transversal.

Essa preparação deve ser alicerçada pelo que chamo de caixa de ferramentas do líder para construir segurança psicológica. Qual é a experiência que você, como líder, quer proporcionar às pessoas do seu time, aos seus pares e à sua organização? Ao responder a essa questão, considere o esquema a seguir.

PREPARAR O TERRENO

01 Enquadrar o Trabalho
- Estabelecer expectativas sobre falha, incerteza e interdependência.

02 Enfatizar Propósito
- Identificar o que está em jogo, por que é importante e para quem.

REALIZAÇÕES: Expectativas e significados compartilhados.

ESTIMULAR A PARTICIPAÇÃO

03 Demonstrar Vulnerabilidade
- Aceitar diferenças.

04 Questionamento na Prática
- Fazer boas perguntas.
- Modelo de escuta empática e genuína.

REALIZAÇÕES: Confiar que a participação é genuína e bem-vinda.

05 Estabelecer Estuturas e Processos
- Criar fóruns para colaborações.
- Fornecer diretizes.

RESPONDER PRODUTIVAMENTE

06 Expressar Valorização
- Ouvir.
- Aceitar e agradecer.

07 Eliminar o Estigma da Falha
- Olhar para o futuro.
- Oferecer apoio.
- Discutir, considerar e ter ideias sobre os próximos passos.

08 Desenvolver a Cultura de Responsabilidade
- Clarificação e publicação de objetivos e padrões.
- Gestão, desempenho e consequência.

REALIZAÇÕES: Orientação em direção ao aprendizado contínuo.

SEGURANÇA DA INCLUSÃO	SEGURANÇA DE APRENDER	SEGURANÇA PARA CONTRIBUIR	SEGURANÇA PARA QUESTIONAR
Sentir-se aceito e encorajado a dar opiniões, atuar em processos de decisão.	Encorajar processo de aprendizagem demonstrando vulnerabilidade.	Saber o "por quê" dos objetivos e metas, ajudar a definir "o que" cada um pode fazer e delegar o "como".	Questionar "o *status quo*", com transparência, *feedbacks* encorajar a divergência de ideias.

Fonte: da autora.

Para que as pessoas na organização se sintam seguras em serem elas mesmas e confortáveis em contribuir, mesmo diante de um conflito, sua experiência precisa ser pautada em quatro pilares: inclusão, aprendizado, contribuição e expressão. Para isso, cabe aos líderes prepararem o terreno, estimularem a participação e responderem de maneira assertiva e coerente.

A recompensa: compromissos e responsabilidades do líder para construção da confiança

Um time não é um grupo de pessoas que trabalham juntas. É um grupo de pessoas que confiam umas nas outras.
SIMON SINEK

Se o autoconhecimento é *check-in* para esse novo mundo e fazer perguntas é a base de todo o progresso humano, esse é o primeiro exercício que devemos aprender e praticar. Será possível "estranhar" a si mesmo? Ter um olhar ampliado sobre nossos pensamentos, sentimentos e ações? Tomar consciência e criar sentido passam pela clareza e direção.

Enfrentar mudanças ininterruptas e exponenciais representa a forma mais aguçada de testar a eficiência da liderança na era atual. Transitar por essa realidade requer foco nas capacidades coletivas da liderança e sua atuação em rede.

Precisamos de uma nova forma de liderança que consiga abordar mudanças inéditas. Líderes que sejam perspicazes e analíticos ao enfrentar mudanças, com autenticidade, humildade e vulnerabilidade, inspirando confiança e segurança psicológica necessárias, que conduzam o aprendizado e a inteligência compartilhados, resultando em um melhor desempenho coletivo e em um futuro mais promissor para todos.

De qual líder precisamos agora? Esse questionamento vem sendo discutido em todas as organizações e explorado em diversos artigos. As competências humanas nunca foram tão necessárias.

Ao contrário das frentes que enaltecem as habilidades de comando e controle, cabe ao líder explorar sua humanidade com toda a sua potencialidade. O líder que assume sua vulnerabilidade e que não tem medo de dizer que não tem todas as respostas é mais propenso a manter-se próximo, criar alternativas junto ao time e promover mudanças.

Para promover transformação, espaços de escuta e experimentação precisam ser desenvolvidos, estimulando ambientes de segurança psicológica e confiança. Para isso, os líderes precisam demonstrar motivação e paixão, ter coragem e resiliência, mas, acima de tudo, humanidade e humildade.

O retorno com o elixir: *lifelong learner* na dinâmica da liderança

> *Liderança e aprendizagem são indispensáveis uma para outra.*
> JOHN F. KENNEDY

Você, líder, tem ensinado o seu time a pensar? Quais estratégias de aprendizado tem utilizado com a sua equipe? Há muito em comum entre ensinar e liderar. O líder do agora, no papel de educador, deverá ser um curador de conteúdo, utilizando metodologias ativas para cocriação de realidades junto ao time.

Um dos grandes desafios é manter-se ativo como aprendiz de si mesmo, dos outros e das organizações. Ser um *lifelong learner* exige organizações nas quais as pessoas expandam continuamente a capacidade de criar os resultados que realmente desejam, em que novos padrões de pensar, sentir e agir são alimentados e as pessoas estão continuamente aprendendo a ver o todo juntas.

Ao regressar da jornada, o líder reconhece que não é mais o mesmo, pois não percebe o mundo da mesma forma. Já sabe escolher o que aprender e a importância de estruturar o plano de aprendizagem, utilizando fontes diversas, como conteúdo síncrono e assíncrono, experiências, pessoas e redes.

Inquietações e possibilidades...

> *Aprendizagem é o processo pelo qual o conhecimento é criado através da transformação da experiência. O conhecimento resulta da combinação de capturar a experiência e transformá-la.*
> DAVID A. KOLB

A configuração de jornadas educacionais e jornadas profissionais personalizadas e em sincronia, tanto para os indivíduos como para as organizações, é determinante para o desenvolvimento e novo *design* organizacional.

Processos e programas tradicionais de gestão de pessoas não atendem à agilidade necessária e à inconstância permanente do mundo em transformação. As organizações e líderes devem refletir sobre sua liderança e como poderão agregar valor pelo aprendizado constante, construção de confiança e fortalecimento de conexões.

Por que alguém deveria ser liderado por você? Como poderá oferecer mais clareza? Como poderá criar mais conexão? Como poderá apoiar e estimular? Como se preparar para temas complexos, como saúde mental, diversidade e novos modelos de trabalho? Serão necessários novos modelos de liderança.

Reinventar sua maneira de agregar valor e gerar sentido, tanto das organizações quanto de seus líderes, engloba integrar o *tech* ao seu dia a dia (desenvolvendo algoritmos para predição e tomadas de decisão) e o *touch* (com o aprimoramento de competências cada vez mais humanas, como as *soft* e *deep skills*).

Líderes mais próximos, mais humanos e que usam a empatia para tomar decisões fazem a diferença e impulsionam a organização em momentos de crise. E pode-se ir além, pois a capacidade de um líder permitir sua compaixão afeta a capacidade da organização de manter alto desempenho em situações difíceis, promovendo aprendizado, adaptação e saúde. E você, qual líder está sendo agora?

Referências

BEREZ, S.; ELK, S.; RIGBY, D. *Ágil do jeito certo: transformação sem caos.* São Paulo: Benvirá, 2020.

BROWN, B. *A coragem de ser você mesmo.* São Paulo: Best Seller, 2021.

BROWN, T. *Design thinking: uma metodologia poderosa para decretar o fim das velhas ideias*. Rio de Janeiro: Alta Books, 2020.

BURKHARD, G. *Tomar a vida nas próprias mãos*. São Paulo: Antroposófica, 2012.

CAMPBELL, J. *O herói de mil faces*. São Paulo: Pensamento, 2013.

CLIFTON, D.; RATH, T. *Descubra seus pontos fortes 2.0*. Rio de Janeiro: Sextante, 2019.

EDMONDSON, A. C. *A organização sem medo: criando segurança psicológica no local de trabalho para aprendizado, novação e crescimento*. Rio de Janeiro: Alta Books, 2020.

FLOWERS, B. S.; JAWORSKI, J.; SCHARMER, O.; SENGE, P. *Propósito humano e o campo do futuro*. São Paulo: Cultrix, 2007.

FURTADO, C. *Feliciência: felicidade e trabalho na era da complexidade*. São Paulo: Actual, 2022.

ORNELLAS, M. *Uma nova (des)ordem organizacional*. São Paulo: Colmeia Edições, 2020.

SCHLOCHAUER, C. *Lifelong learners: o poder do aprendizado contínuo*. São Paulo: Gente, 2021.

SELIGMAN, M. *Felicidade autêntica: use a psicologia positiva para alcançar todo seu potencial*. Rio de Janeiro: Objetiva, 2019.

SINEK, S. *Encontre seu porquê: um guia prático para descobrir o seu propósito e o da sua equipe*. São Paulo: Sextante, 2018.

TALEB, N. N. *Antifrágil: coisas que se beneficiam com o caos*. Rio de Janeiro: Objetiva, 2020.

14

TRANSFORMAÇÕES TAMBÉM EM RECURSOS HUMANOS

Neste capítulo, foram abordados alguns momentos relevantes que podem ser considerados como marcos para o surgimento da área de recursos humanos, assim como fatos importantes que permitiram seu crescimento e consolidação. Mas este texto não trata apenas do passado, também é apresentada uma visão organizada sobre a amplitude da agenda do profissional de RH nos dias atuais. Dias marcados por pluralidade e complexidade que exigem muita atenção e foco para se alcançar um papel verdadeiramente de protagonismo nas organizações.

PAULO MAGALHÃES SARDINHA

Paulo Magalhães Sardinha

Contatos
paulo.sardinha@abrhbrasil.org.br
LinkedIn: bit.ly/3ptdLNu

Presidente da Associação Brasileira de Recursos Humanos, com sólida carreira executiva, tendo exercido, nos últimos 20, o cargo de diretor de recursos humanos para Brasil e América Latina em importantes multinacionais. Atualmente, é conselheiro em organizações públicas e privadas. Luso-brasileiro, formado em Psicologia, com pós-graduação em Educação e Processos e Dinâmicas de Grupos. Membro do Conselho Empresarial de Política Trabalhista e Social da FIRJAN e conselheiro da Confederação dos Profissionais de RH da Língua Portuguesa, sediada em Lisboa. Também possui significativa experiência no magistério, como idealizador, coordenador e professor de MBA de Recursos Humanos em relevantes instituições de ensino, tendo publicado diversos artigos. Comendador pela cidade do Rio de Janeiro / Medalha de Mérito Pedro Ernesto.

Frequentemente, escuto que, entre todas as áreas de uma empresa ou organização, a de recursos humanos é a que menos incorporou os avanços do mundo tecnológico. No limite, dizem que RH é a área mais atrasada nos caminhos para a transformação digital e que vem perdendo o "time" adequado.

Para não parecermos intolerantes a essa crítica, vamos admitir que possa ter algum remoto fundamento. Mas, certamente, temos que considerar que nossa atenção não está voltada para a construção de algoritmos que propiciem rotas mais curtas e econômicas para a logística da empresa funcionar melhor. E que não é parte de nossa atenção primária a implantação de softwares avançados que a auxiliem no desenvolvimento de equipamentos mais precisos para a produção.

Que a declaração anterior não seja confundida com o fato de que todos os avanços tecnológicos de uma organização devem ser acompanhados de perto por recursos humanos, de maneira a assegurar que, para além dos impactos na produtividade e competitividade da organização, esta evolução possa trazer benefícios aos empregados. As informações e dados são fundamentais para planejar e aprimorar a atuação de nossa área. O que se deve ter em conta é que RH não trabalha dedicado primariamente a rotas e números. Nossa atenção é voltada para o ser humano que constrói os avanços digitais que impulsionam as organizações. E notadamente RH tem contribuído de maneira valiosa para uma nova cultura em tempos digitais.

Mas antes de prosseguirmos com a análise, vamos voltar um pouco no tempo e considerar os avanços da área de recursos humanos em nosso país.

O mundo do trabalho, ambiente natural de atuação do profissional de recursos humanos, tem, na década de 1930, um marco importante que foi a criação da Consolidação das Leis Trabalhistas, ou somente CLT, tornando o Brasil um dos poucos países com uma legislação específica para as relações de trabalho. Naqueles anos, essa legislação foi considerada uma das mais avançadas e progressistas, tendo sido considerada como um grande avanço na proteção do trabalhador.

De fato, a CLT criou uma forte rede de proteção para o trabalhador brasileiro. Entretanto, o que não se menciona com a mesma intensidade é o fato de o Brasil estar às vésperas de um processo de industrialização, o que representava uma forte migração do campo para a cidade.

E, naquela época, os conflitos trabalhistas eram decididos na justiça comum, ou até mesmo na justiça criminal. Convenhamos que para o empregador industrial isso representava grandes riscos, incluindo os bens pessoais.

Com a CLT, ficaram claramente delimitadas as fronteiras em que os litígios oriundos das relações de trabalho seriam julgados, oferecendo certa tranquilidade para o empresariado que investiria no referido processo de industrialização.

Naquilo que nos interessa mais de perto, esta legislação, abrangendo normas de direito individual e coletivo de trabalho, assim como a exposição à fiscalização e aos processos, deu origem ao Departamento Pessoal para evitar falhas na contratação, permanência e rescisão dos vínculos dos trabalhadores com as empresas.

Inicialmente, as atividades do profissional do Departamento Pessoal, acima mencionadas, eram demandadas quase em sua totalidade pela observância da legislação, dos acordos sindicais e contratos promovidos entre as partes (empregador/trabalhador). Tendo como grande objetivo a prevenção de falhas e perdas financeiras, ficou o profissional do DP subordinado aos gestores financeiros durante muito tempo. E dependendo do porte e cultura da empresa, isso se perpetua até os dias atuais.

Mas nas décadas de1980 e 1990, várias multinacionais, notadamente de origem norte-americana e europeia, trouxeram para o Brasil as práticas de recursos humanos adotadas em seus países de origem, dando um impulso extraordinário na atividade. O profissional de RH passa a ser reconhecido e contratado com formação superior em Administração, Pedagogia e Psicologia, se distanciando da subordinação em relação à área financeira, ganhando status de diretoria independente. As atividades do departamento pessoal não perdem seu valor. Pelo contrário, adquirem importância no gerenciamento de informações dos empregados, subsidiando importantes decisões. Além de se tornarem primordiais nos dias atuais, devido à implantação da Lei Geral de Proteção de Dados.

Um novo impulso é verificado pelo fato de os profissionais brasileiros de recursos humanos aperfeiçoarem as práticas importadas, criando projetos e programas nacionais que, além de se adaptarem melhor à realidade nacional, eram desenvolvidos com excelência e passaram a ser reconhecidos e até mesmo observados pelas matrizes das empresas multinacionais. O profissional brasileiro se torna bem-sucedido ao realizar uma fusão com as práticas norte-americanas, que desenvolviam um RH baseado na utilização de programas rigidamente metódicos, padronizados e apoiados em formulários e instrumentos cartesianos, buscando sempre a construção de parâmetros lógicos e estatísticos para tomada de decisão. Já a "escola" europeia, que até podia denotar certo paternalismo, influenciava pelo sentido mais humanista no trato com as pessoas.

Talvez, isso tenha influenciado o fato de que a formação da maioria dos profissionais brasileiros de RH naquelas décadas passava por Psicologia, Pedagogia e Administração.

Paralelamente, a estruturação de uma diretoria de RH, que até então repetia uma configuração clássica envolvendo Departamento Pessoal, Recrutamento & Seleção, Treinamento, Cargos & Salários etc. (atenção que são denominações características dos anos 1980 e 1990), passou a abranger novas atividades, tais como Comunicação Interna, Qualidade, Responsabilidade Social e Empresarial, somente para citar algumas.

Ao mesmo tempo em que a área de RH abrangia novas atividades, o profissional brasileiro de RH expandia sua atuação para outros países na América Latina. Daí que não raro os cargos adicionavam o status de RH para o Brasil e América Latina. Muitos desses brasileiros lideraram as práticas de RH nas empresas em que atuavam, no Brasil ou mesmo como expatriados.

Outra mudança profunda que tem início nos anos seguintes está relacionada ao conceito de *business partner* (ou simplesmente BP), que impunha ao corpo gerencial das demais áreas da empresa a responsabilidade pela gestão de seus subordinados, sempre com o suporte do profissional de RH. Assim, as questões relacionadas à gestão de pessoas se tornariam responsabilidade do chefe direto, tal qual a responsabilidade técnica. Mas temos que confessar que este modelo de atuação ainda enfrenta dificuldades até hoje.

Os conceitos também evoluíram. E assim o formulário de avaliação de desempenho passou a ser um programa de gestão de desempenho e carreira; a ideia de cargo & salários passou a ser conhecida como *total compensation*. Deixamos de falar em recrutamento e seleção e passamos a tratar da atração e retenção de talentos (aqui uma crítica pessoal por considerar que uma pessoa talentosa não se permite ser retida). Novas atuações foram incorporadas e envolveram o profissional de RH em conceitos como *employer branding* e *employee experience*.

Muito além de uma discussão estéril do que seria um "RH estratégico", o protagonismo da área se eleva com a proximidade e familiaridade com o negócio, se afastando do estigma de uma atividade meio na organização, muitas vezes maldosamente percebida como uma área geradora de custos.

Tal evolução atrai profissionais de outras áreas, muitos com formação em ciências exatas (como engenheiros), que demonstram interesse em vir trabalhar em recursos humanos, propiciando uma pluralidade de pensamentos. Em outra direção, os profissionais de RH passam a ser considerados (ainda que timidamente) como potenciais para ocuparem cargos de CEO das organizações.

Também a agenda de recursos humanos viveu uma transformação acelerada ao longo dos anos, quer seja por uma nova amplitude, quer seja pela influência cada vez maior dos temas sociais que se manifestam "do lado de fora dos muros da organização". Em outras palavras, se nas décadas de 1980 e 1990 o profissional de RH fechava a porta atrás de si quando ingressava na empresa e passava a se dedicar aos assuntos internos que eram (em palavras da época) recrutar, integrar, treinar, acompanhar, remunerar etc., nos dias atuais a agenda passa a ser cada vez mais influenciada pelos temas sociais, como diversidade, relação com o meio ambiente, sustentabilidade e ESG. Sem falar da pandemia imposta pela covid, que alçou o profissional de RH ao principal papel de protagonista, a quem coube oferecer as primeiras respostas para contornar o choque que sofremos.

Assim, didaticamente, podemos organizar esta nova agenda em três grandes grupos. No primeiro, podemos incluir os objetos "tradicionais" da atenção da área de recursos humanos. Ainda que os nomes tenham mudado e sejam americanizados (recrutamento – *searching*; cargos e salários – *total compensation*), a natureza da atividade permanece com alterações sutis, sendo admitido que a sua execução tenha auxílio de novas tecnologias que favorecem a eliminação de atividades repetitivas e oferecem ganhos de tempo e produtividade.

Em um segundo grupo, podemos mencionar os temas oriundos da "realidade", em que incluímos o relacionamento com os sindicatos e a observância da legislação, que impacta vários assuntos do dia a dia, como, por exemplo, expatriação, cotas sociais, regime previdenciário, plano de benefícios etc.

O terceiro grupo reúne os temas oriundos da "sociedade", do qual o mais fácil e rápido de se lembrar é o da diversidade. Mas também inclui a mecanização do trabalho, a inteligência artificial cada vez mais avançada e muito mais.

A figura que juntei a este capítulo retrata este conceito e demonstra o quanto a agenda de recursos humanos foi ampliada e se tornou mais plural.

AGENDA AMPLIADA E PLURAL

REALIDADE
SAÚDE
PREVIDÊNCIA
LEGISLAÇÃO
SINDICATOS
CONSELHOS
PCD'S

SOCIEDADE
INOVAÇÃO
CULTURA
SUSTENTABILIDADE
MULTIDIVERSIDADE
ESG
I.A.

TRADICIONAIS
SEARCHING
TREINAMENTO
REMUNERAÇÃO
GESTÃO DESEMPENHO
CARREIRA
PESQUISA DE CLIMA

Tecnologia e cultura

Educação | Saúde | Trabalho | Liderança | Produtividade | Competitividade

Indivíduo ⟶ Organização ⟶ Nação

Amplitude da agenda de RH muito além dos muros da organização RH, sendo feito da sociedade para dentro das organizações

Fonte: do autor.

Sobre a amplitude de agenda mencionada na figura, isto é uma referência aos pilares de atuação do profissional de RH, que foram expandidos para muito além do universo do trabalho e podem ser reunidos da seguinte maneira: Educação, Saúde, Trabalho, Liderança, Produtividade e Competitividade (novamente, uma organização didática para fins de compreensão).

A **educação**, que é a base de uma sociedade e fator essencial para a formação do cidadão, também abrange aqueles objetivos mais específicos que passam pela formação/qualificação para a vida profissional. A educação deve ser encarada não apenas como prioridade, mas como base de qualquer sociedade.

Precisamos influenciar na construção de políticas públicas que reduzam o abismo entre a educação e o mundo do trabalho. Construir as pontes necessárias entre os mundos acadêmicos e corporativos. É a educação que precede e define o ingresso das pessoas no mundo do trabalho, com um recorte especial sobre o jovem, mais vulnerável ao desemprego em momentos de crise, como apontam índices de diversos países, incluindo o Brasil. Este é um aspecto relevante na gestão de pessoas, pois o bloqueio da entrada do jovem no mercado de trabalho impacta diretamente a formação de futuras lideranças.

Junto à **saúde**, a formação das bases sólidas e predominantes que permitem a inserção do indivíduo em seu terceiro grupo social. É preciso encontrar uma definição própria e ampliada do que desejamos chamar de saúde. Trabalhar pela universalização como modelo que fortalece e beneficia a todos.

O **trabalho**, de maneira ampla, incluindo emprego, renda, empreendedorismo etc., com destaque para a inserção dos jovens por meio de políticas públicas apropriadas, gera trabalho e renda, dando vigor à economia. Mas não somente. A educação, a saúde e a tecnologia desenvolvem papel fundamental neste campo. É necessário ter sempre em mente uma dimensão inclusiva.

A **liderança**, consequência natural destes primeiros conceitos, sem os jovens em condições de iniciar suas jornadas no tempo adequado, pelo trabalho ou empreendedorismo, reduz o celeiro de lideranças.

Sobre a **produtividade,** sabemos que é naturalmente associada a vários fatores, como economia, tecnologia e legislação. Mas organizações produtivas também dependem de lideranças que sejam bem preparadas. Indiscutivelmente, a produtividade tem seu fator humano. Sabemos que onde não existe confiança nas relações hierárquicas, por exemplo, a produtividade é prejudicada. As organizações dependem diretamente de lideranças bem preparadas para estabelecerem a confiança, valores e práticas que facilitem a produtividade.

O conjunto de organizações produtivas nos leva ao nosso sexto e último pilar: a **competitividade** de uma Nação. Uma simples consequência quando tudo funciona como esperado.

Os "fios condutores" entres estes conceitos são vários: tecnologia, inovação, diversidade, sustentabilidade, ética... São temas expressivos que demandam atenção e orientação. Ver o profissional de recursos humanos atuando desde o indivíduo até uma dimensão de nação, sem dúvida, é uma enorme transformação em espaço de tempo tão curto.

Mas atenção! Esses pilares representam uma tentativa em uma realidade complexa e difusa que exige foco e direcionamento para que a intervenção de recursos humanos se organize e produza resultados. Não possuem um fim neles próprios. São como um roteiro que nos orienta de maneira estruturada a seguir por este grande mosaico que reúne os amplos temas com que lidamos e nos permite alcançar um destino/resultado, buscando retratar uma jornada que se inicia no indivíduo, permeia as organizações e alcança o status de nação inserida em um cenário internacional.

Entre tantas características de uma boa gestão, podemos enumerar aquela em que os gestores trabalham com duas dimensões de tempo: presente e futuro. Trabalhar com o futuro significa cuidar da perenidade de uma organização, muito além dos resultados imediatos e necessários; atento às mudanças necessárias para se chegar lá.

Essas mudanças, em grande parte, resultam da inovação tecnológica e cultural. Mas não subestimemos o conhecimento sobre o passado com seu conjunto de circunstâncias que nos trouxeram até aqui.

PROPÓSITO DE VIDA E CARREIRA

Neste capítulo, falarei sobre minhas experiências a partir da minha definição pessoal sobre meu propósito de vida e carreira e como a aplicação de ferramentas de *coaching* me auxiliou na tomada de decisão e entrada em ação rumo aos meus objetivos.

SILVANA AQUINO

Silvana Aquino

Contatos
silvana.aquino20@yahoo.com
LinkedIn: linkedin.com/in/silvanaaquino/
Facebook: Silvana Aquino
Instagram: @silvanaaquino
@silvana.aquino2

Presidente da ABRH Amazonas para o triênio de 2022 a 2024, é executiva de recursos humanos, com MBA em Gestão Estratégica de Negócios pela Fundação Getulio Vargas. É *master coach* e analista disc e *alpha*. Atua como gerente sênior de gestão de pessoas e ESG da Visteon Brasil. Examinadora do Prêmio Qualidade Amazonas (PQA), também do Prêmio Ser Humano Oswaldo Checchia e Ozeneide Casanova Nogueira. Atua como palestrante e *coach* de carreira e executivos. Apaixonada por voluntariado, é coordenadora da Comissão de Recursos Humanos do Centro da Indústria do estado do Amazonas. Coordenou projetos agraciados com o prêmio Ser Humano da ABRH Brasil, Construindo a Nação do SESI/CNI e foi palestrante sobre Responsabilidade Social no Congresso Brasileiro de Treinamento e Desenvolvimento em Santos/SP. Mãe do João, da Carol e da gatinha Marie. Ama criar e gerar novas conexões. É idealizadora do Programa Viaje para fora e Descubra-se por dentro. Morou no Vale do Silício – Califórnia, onde estudou e realizou pesquisas sobre desenvolvimento humano e trabalho do futuro. Considera-se uma mulher viajante e adora fazer amigos pelo mundo. Fez intercâmbio em Londres, Toronto e San Francisco. Sua dica de viagem mais incrível é Machu Picchu, no Peru. Em tudo o que faz, entrega-se por inteiro e inspira outras pessoas.

Trabalho com desenvolvimento humano e de carreiras há pouco mais de 20 anos, mas nunca havia questionado profundamente meus próprios propósitos de vida e carreira como fiz aos exatos 40 anos de idade. E o fato de citar a minha idade na ocasião é para reforçar o quanto nunca é tarde para mudarmos o rumo de nossas vidas.

Acontecia que havia decidido fazer minha primeira formação em *coaching*. Era o curso *personal & professional coach*, em São Paulo, e eu literalmente me entreguei, imergi e me despi de todos os pressupostos e paradigmas para vivenciar todas as ferramentas, metodologias, atividades e orientações da formação. Considerando que, com tudo aquilo, aplicaria posteriormente com outras pessoas.

Mas, naquele momento, a pessoa mais importante era Eu. Coloquei-me como protagonista desse processo. Eu era o centro das minhas atenções como nunca havia feito antes. Sempre havia uma figura do outro para cuidar, observar, ajudar, apoiar, acompanhar etc.

Foram muitas horas de formação prévia e teórica on-line, incríveis e intensos dias de formação presencial, que eu começava cedinho e entrava madrugada adentro estudando e respondendo às ferramentas.

Vou falar a vocês a sequência de ferramentas de *coaching* de vida que me levaram a tanta reflexão, análise, ações e mudanças. Mudanças estas que impactaram a minha vida e a de minha família e nos fizeram buscar mais se quiséssemos alcançar o resultado esperado. Aprendemos que, para alcançar o que queríamos, teríamos que merecer e colocar em prática cada ação, cada projeto traçado, que também era muito importante estarmos alinhados e verbalizarmos os objetivos entre nós para plasmarmos nos ambientes toda palavra pensada e falada.

Entendi que eu precisava ter FOCO, traçar AÇÕES e trabalhar para os RESULTADOS. Simples assim! Não. Não é nada simples, mas se quero resultados, tenho que merecê-los, certo?

Após ter passado por todo o processo e avaliado resultados, resolvi transformar essa receita em um método.

Mas, antes de chegar a um modelo que possamos chamar de replicável, temos que testar, testar e testar. E nesse processo existem sucessos e insucessos. Como disse acima, por isso precisamos ter FOCO, AÇÃO e RESULTADOS; assim, nada nos tira do PROPÓSITO. Ficamos tão fortalecidos que todos os desafios vão sendo resolvidos com um olhar lá na frente, sem esquecer a essência de curtir e aproveitar cada passo do caminho.

Como dizia constantemente umas das fundadoras da ABRH Amazonas, a saudosa Ozeneide Casanova Nogueira, "a recompensa é a própria jornada". Este processo de mudança e transformação precisa ser experimentado de fato, na essência, no detalhe e no todo.

Era 2014, ano da Copa do Mundo no Brasil. Ano daquele fatídico 7 x 1. Sim, eu repito, 7 x 1. Temos muitas lições a aprender com este resultado (rsrs), uma delas é que o campeão nem sempre permanece no pódio e isso serve para Brasil, Alemanha e para tantos que logo o poder lhes sobe à cabeça.

Havia iniciado minha formação em *coaching*, saía de um relacionamento com minúcias machistas, meu filho que estava morando com o pai havia 5 anos, voltava para finalizar o ensino médio comigo e outras coisas boas e/ou marcantes estavam acontecendo na minha vida. Mas grandes coisas estavam por vir.

A Bíblia Sagrada, no livro de Jeremias 33:3, diz: "Invoca-me, e te responderei; anunciar-te-ei coisas grandes e ocultas, que não sabes". Quanta verdade e experimentação nesta passagem. Assim tenho seguido a vida. A cada espera e descoberta vem a gratidão pelo resultado.

Voltando ao processo de propósito de vida e carreira, aplicadas dezenas de ferramentas, decisões importantes e cruciais para a minha vida tomadas, vamos a alguns resultados. Depois, eu mostro na sequência do método o passo a passo, mas já estou ansiosa para lhes falar sobre algumas decisões.

1. Pediria demissão da incrível multinacional onde eu trabalhava há mais de uma década. Wow! Sim. Wow! A empresa já não estava mais me fazendo bem. Simples assim, entendi que minha saúde mental era mais importante. Para isso acontecer, eu precisava de um plano, uma meta. Foi o que o fiz.
2. Minha filha tinha 12 anos e meu filho, 14 anos. Decidi que não teria nenhum relacionamento nos próximos cinco anos, que minha atenção nessa fase maravilhosa dos meus filhos seria toda para eles e que faríamos muito mais coisas incríveis juntos. Assim o fizemos, e seguimos fazendo.
3. Todos nós teríamos experiências de educação no exterior nos próximos cinco a seis anos. Trabalhei muito para isso e o resultado está sendo *amazing, wonderful!*
4. Decidi finalmente dar um basta ao meu ex-marido e exigir o divórcio que tanto pedia havia nove anos. O que fazia eu me sentir incompleta.
5. Vendi uma casa que me trazia lembranças que não queria sentir mais, comprei um apartamento novo com tudo novo e que deveria funcionar com todo o conforto para mim e meus filhos, nos fazendo ter novas e boas lembranças dessa nova fase.
6. Compreendi que sou *wanderlust*, sou uma mulher viajante. E que realizaria todos os meus sonhos de viagens. Queria, neste processo, conhecer lugares como Nova Iorque, Miami, Chicago, Boston, Las Vegas, Los Angeles, San Francisco, Grand Canyon, Toronto, Quebec, Otawa, Niagara Falls,

Paris, Versailles, Lisboa, Londres, Buenos Aires, Bogotá, Cuzco, Machu Picchu e muitos outros.
7. Entendi que não preciso de muito, mas sim de experiência. Iniciei um processo de minimalismo com a ideia do menos é mais. Se gastar menos, sobra mais para as nossas viagens e experiências de vida.
8. Resolvi devolver ao universo minhas experiências para inspirar mulheres e todos que acham que "Não podem realizar". Escrevi e comecei o Programa Viaje para fora e descubra-se por dentro.

Durante e após muitas dessas ações, decidi que desenharia um Método para unificar ferramentas, *insights*, mudança de *mindset*, comportamentos e outras dicas para entrar em ação.

Vamos entender o método e a razão do nome

Viajar para a Califórnia e conhecer a região de San Francisco fazia parte dos sonhos. Aliar isso ao sonho de estudar fora, experimentar o ecossistema e a mentalidade do Vale do Silício seria incrível, e assim foi. Muitas conexões e novas experiências enchiam minha vida diariamente naquele ambiente cheio de inovação, tecnologia, empreendedorismo e criatividade.

Já estava estudando e morando na região do Vale do Silício quando a pandemia da covid-19 começou. Meus planos foram interrompidos, nunca cancelados, apenas reajustados; e isso não é problema quando se tem propósito de vida bem definido.

Iniciada a rígida quarentena na Califórnia e com os planos da minha franquia de intercâmbio prejudicados, resolvi manter meu trabalho de atendimento de *life & positive coaching* on-line, além de palestras, *lives* e treinamentos; era o que tínhamos, já que o mundo físico lá fora estava um verdadeiro campo de guerra.

Passamos por *lockdown, curfew* e *fire alert* quase tudo ao mesmo tempo. Sem contar as possibilidades de um terremotozinho aqui, outro ali. Outra hora conto com detalhes tudo isso.

Mas ainda assim... era o ecossistema do Vale, tudo funcionava. Que alegria fazer um pedido na Amazon pela manhã e à tarde ele estar na porta do meu apartamento. Foi uma experiência que me acrescentou uma nova forma de ver a vida, o mundo, as pessoas, as conexões, a tecnologia, as coisas materiais, o universo, a gratidão e, principalmente, a fé.

Foi quando escrevi o Método, que passou a se chamar Método V.A.L.E. Sim, em referência à experiência do Vale do Silício, mas também ao Vale em que nos encontrávamos no mundo todo, ao Vale profissional, pessoal, de qualidade de vida e relacionamentos que às vezes atravessamos sem termos forças para reagirmos.

VALE, nesse caso, é um acróstico que significa:
V – Vida, carreira e propósito
A – Atitudes, virtudes e forças de caráter
L – Liderança de si mesmo
E – Estratégias para entrar em ação

O que é o método V.A.L.E.?

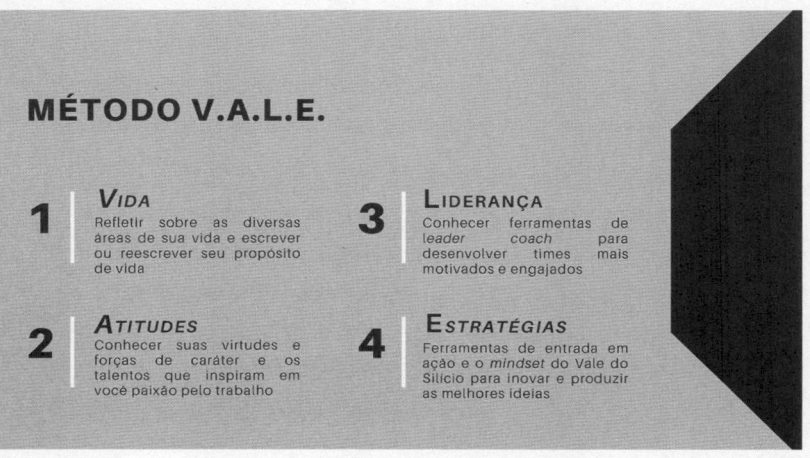

MÉTODO V.A.L.E.

1 VIDA
Refletir sobre as diversas áreas de sua vida e escrever ou reescrever seu propósito de vida

2 ATITUDES
Conhecer suas virtudes e forças de caráter e os talentos que inspiram em você paixão pelo trabalho

3 LIDERANÇA
Conhecer ferramentas de leader coach para desenvolver times mais motivados e engajados

4 ESTRATÉGIAS
Ferramentas de entrada em ação e o mindset do Vale do Silício para inovar e produzir as melhores ideias

Fonte: da autora.

1 – Vida, carreira e propósito

Nesta etapa do Método VALE, nos aprofundamos na reflexão sobre o nosso momento de vida, nossos relacionamentos, vida pessoal, vida profissional e qualidade de vida.

O que é propósito de vida?

Primordialmente, o propósito de vida é aquilo que há de mais importante para um ser humano. Portanto, faz parte daquilo que nós somos e, além disso, é também o que torna a nossa vida cheia de significado. Quem não tem algo para acreditar ou aquela vocação que faz seu coração bater mais forte anda pela vida perdido. Muita gente, inclusive, entra em depressão por não ter certeza de qual é o seu motivo para viver. Apesar disso, descobrir seu propósito de vida nem sempre é muito fácil.

Não se trata apenas de descobrir minha vocação, quem eu sou ou aquilo em que sou bom. É muito mais que isso. É descobrir aquilo que há de mais profundo na minha identidade e que tipo de marca pretendo deixar neste mundo.

O que significa ter um propósito de vida?

Descobrir aquilo que amo, aquilo que me faz ser diferente. Aquela paixão que pode transformar para melhor não só a minha vida, mas a daqueles que estão ao meu redor. É descobrir minha missão na Terra e, aos poucos, entrar em paz com ela e fazer o possível para cumprir esta missão da melhor forma possível.

Essencial para todo ser humano

Seu propósito de vida é o que ajudará você na hora do aperto. Aquilo que se propôs, sua missão, guiará você quando tiver que tomar decisões desafiadoras.

Ter um propósito bem definido nos traz segurança.

DESCUBRA SEU PROPÓSITO DE VIDA

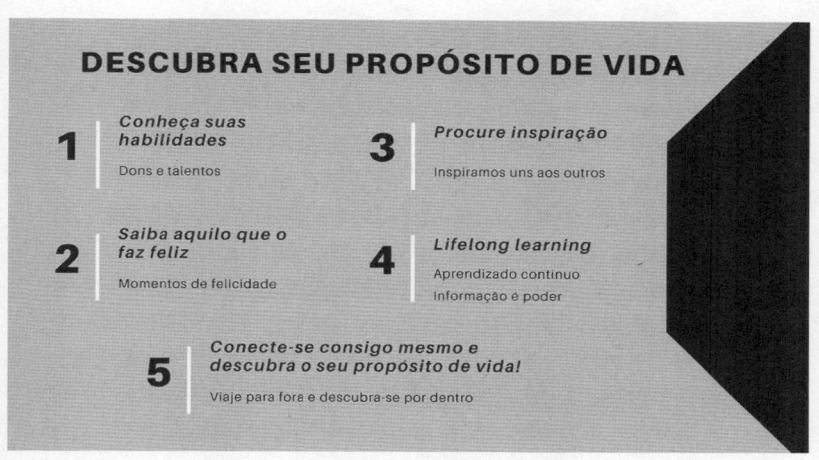

1 Conheça suas habilidades
Dons e talentos

2 Saiba aquilo que o faz feliz
Momentos de felicidade

3 Procure inspiração
Inspiramos uns aos outros

4 Lifelong learning
Aprendizado contínuo
Informação é poder

5 Conecte-se consigo mesmo e descubra o seu propósito de vida!
Viaje para fora e descubra-se por dentro

Fonte: da autora.

Descobrir o motivo que faz que desejemos estar vivos e nos tornarmos uma pessoa melhor e mais completa. Consequentemente, o nosso sucesso na vida pessoal e profissional será mais fácil de ser alcançado. Não tenha medo de descobrir qual é o seu propósito de vida. Ele pode ser o segredo da sua realização e da paz que você merece.

Tenha objetivos e metas. Isso será uma segurança para você.

E você? Como está nesta conexão dos fatores da vida, onde tudo o que faço de um lado impacta no outro?

Para isso eu desenvolvi um pensamento que chamo de Teoria do Guarda-chuva do propósito de vida.

Propósito de vida

Qualidade de vida · Pessoal · Profissional · Relacionamentos

Desenvolvido por:
Silvana Aquino
@silvana.aquino2

O segredo é o equilíbrio!

Vamos imaginar um guarda-chuva. A parte de cima, que me protege e me guarda do sol ou da chuva, seria o meu propósito de vida; nas hastes do guarda-chuva, as quatro grandes áreas da minha vida: qualidade de vida, vida pessoal, vida profissional e relacionamentos. Em um dia normal, o guarda-chuva fica equilibrado por cima de mim, sem que nenhuma das hastes esteja pendendo nem para um lado nem para o outro. Mas em dias de ventania, temporal ou sol intenso, o guarda-chuva tende a ficar penso mais para um lado a fim de proteger melhor e deixa outra a parte quase descoberta. Enfim, assim é nossa vida.

Se não equilibrarmos todas as áreas, tendemos a investir mais em uma e desproteger outra. Vamos imaginar alguém que investe muito na carreira profissional sem cuidar dos seus relacionamentos e saúde. Qual é o resultado disso? Uma pessoa adoecida com relacionamentos prejudicados ou outra que investe apenas em relacionamentos sem dar a devida atenção à vida profissional e ao desenvolvimento da carreira, sem dúvida poderá ser uma pessoa com menos oportunidades para ascensão financeira e propósitos de crescimento profissional.

Vamos nos conhecer melhor?

Vamos começar fazendo um convite. Um convite ao autoconhecimento.

O filósofo chinês Lao Tse dizia: "Aquele que conhece os outros é sábio, aquele que conhece a si próprio é iluminado".

O autoconhecimento nos leva à percepção de nós mesmos e, neste processo, a reflexão é primordial para estarmos em conexão com quem temos sido na essência e com quem queremos ser. Sobre nossos sonhos, nossos dons, nosso propósito central nesta vida.

Nesta jornada, a ferramenta de entrada é a Roda da Vida desenvolvida e aperfeiçoada por Zig Ziglar no livro *Born to win* (Nascido para vencer). Pela ferramenta, nós realizamos uma profunda análise dos níveis de satisfação da nossa vida.

Tenho feito a Roda da Vida constantemente desde 2014, quando todo o processo de mudança começou.

Realizar a ferramenta é um processo simples, porém profundo. O segredo é ser verdadeiro com as respostas. Aliás, este é outro grande segredo, seja verdadeiro em todas as ferramentas; afinal, é sobre você, sobre sua vida e sobre tomada de ação para alcançar um nível melhor.

Segundo Zig Ziglar (vivo e cheio de sabedoria), a Roda da Vida é dividida em quatro áreas, as mesmas áreas que me inspiraram a pensar na Teoria do Guarda-chuva do propósito de vida. Estas áreas são:

1. Vida pessoal.
2. Vida profissional.

3. Relacionamentos.
4. Qualidade de vida.

Cada uma dessas grandes áreas contempla, geralmente, três outras categorias. O que nos permite uma análise completa de todas as etapas, totalizando em média os 12 mais importantes e relevantes pontos de nossas vidas.

Ainda no módulo vida, carreira e propósito do Método VALE, trabalho outras ferramentas, tais como: *Assessment Pré-coaching*, *Dream List* e Missão. Ferramentas essenciais para o meu processo de autoconhecimento e descobertas do ser humano que sou, dos sonhos e realizações que almejo, mas, acima de tudo, qual é minha missão neste plano terreno e qual é o legado que quero deixar.

Na minha vida pessoal, todas essas ferramentas me auxiliaram no entendimento da minha jornada. A partir delas, escrevi o projeto "Viaje para fora e descubra-se por dentro", com o qual já impactei mais de 2.000 pessoas presencialmente e muitas outras on-line.

No "Viaje para fora", conto a história da menina que fora criada no sítio pelos avós, sem livros, além do ABC, e sem energia elétrica, mas que tinha grandes sonhos de viagens pelo mundo. Quando ela estava na *Fifth Avenue*, em *New York City*, deparou-se com o belo e iluminado *Empire States Building* e teve um reencontro transcendental, espiritual, não sei ao certo, mas houve uma rápida conexão com sua criança interior, aquela mesma menina do sítio criada pela avó, Dona Carminha, e seu Hila, reapareceu para dizer: "Como você é guerreira, veja só aonde você chegou".

Desde então, tenho usado esse acontecimento que o universo me proporcionou para empoderar mulheres e jovens, dizendo: "É possível. Siga seus sonhos. Se você teve livros e energia elétrica na sua infância, você tem o poder de chegar muito mais longe que eu e alcançar sonhos muito mais altos".

2 – Atitudes, virtudes e forças de caráter

Nessa segunda etapa do Método VALE, trabalharemos outras ferramentas incríveis de *coaching*. Vou citar algumas e sugerir que você aplique imediatamente uma delas.

> Mas... Se você não sabe para onde quer ir,
> então, qualquer caminho serve.
> LEWIS CARROLL

Para você não ter uma vida de Alice no País das Maravilhas, recomendo fortemente o autoconhecimento pelas ferramentas de *assessments*. Sigo convidando todos para esta jornada do "quem eu sou".

O que são assessments?

São recursos e instrumentos validados cientificamente para avaliação de potencial, análises de comportamentos e competências.

Com o *assessment*, o profissional tem a oportunidade de saber um pouco mais de como e por que reage de determinadas formas. Com esse conhecimento, poderá também se comunicar melhor com seus pares, gestores, subordinados e em sua vida pessoal.

Teoria DISC

A teoria DISC é a base de uma das mais confiáveis ferramentas de *assessment* disponíveis no mercado. Serve para todos os tipos de profissionais. Ela traz quatro dimensões do comportamento humano. Indica como o indivíduo lida com problemas, com pessoas, com mudanças e regras.

Os perfis do DISC ajudam você a:

1. Aumentar seu autoconhecimento: como você responde a conflitos, o que motiva você, o que causa estresse e como resolve problemas.

2. Melhorar as relações na sociedade ou no trabalho: reconhecer as necessidades de comunicação dos membros da equipe ou com outras pessoas do seu convívio.
3. Melhorar o trabalho em equipe e ensinar a lidar com conflitos de modo mais produtivo.
4. Desenvolver habilidades de vendas mais fortes, identificando e respondendo aos estilos dos clientes.
5. Gerenciar, de maneira mais eficaz, entendendo as disposições e prioridades dos funcionários e membros da equipe ou da família.
6. Tornar-se uma pessoa ou líder mais capacitado e eficaz.

Após a aplicação da Roda da Vida, esta é a segunda ferramenta que trabalho no que chamo de jornada do autoconhecimento. A teoria DISC é uma ferramenta que nos permite comprovar comportamentos e emoções observáveis.

Ainda no módulo de autoconhecimento sobre como ajo, quais minhas atitudes dependendo da situação, diversas ferramentas podem ser aplicadas. Uma ferramenta incrível, mas ainda pouco utilizada no Brasil, é a Alpha Assessment. Com a ferramenta Alpha, é possível avaliar nosso perfil de liderança e sabermos se somos comandantes, visionários, estrategistas ou executores.

Mas, como prometido, aqui está a ferramenta que eu recomendo fortemente que você faça i-me-di-a-ta-men-teeee!

Você já fez ou ouviu falar nas 6 virtudes e 24 forças de caráter?

Antes, vou lhe falar da minha paixão por esta ferramenta, pelo seu estudo e pesquisadores. E o Universo, sempre conspirando a meu favor, me deu a oportunidade de ficar frente a frente com o Dr. Martin Seligman[1], pesquisador da Psicologia Positiva e um dos estudiosos dessa pesquisa.

---

1 Martin Seligman é um psicólogo norte-americano. Professor da Universidade da Pensilvânia e ex-presidente da Associação Americana de Psicologia

O grande estudo

Desenvolvido pelos psicólogos Martin Seligman e Christopher Peterson – publicado em 2004 – ambos acreditavam que nós temos a possibilidade da escolha: viver uma vida focada no que é positivo ou olhar somente os aspectos negativos. E com esse raciocínio eles decidiram entender qual é a melhor versão do ser humano. Para isso, identificaram na história virtudes em comum das pessoas nas mais diversas religiões, tradições, filosofias e culturas. Durante três anos de projeto, eles procuraram coincidências na Bíblia, no Alcorão, no Bushido (código samurai), nas culturas do Ocidente e do Oriente, nas filosofias de Platão e Aristóteles. Também leram sobre Santo Agostinho, Buda, Benjamin Franklin e outros pensadores.

6 virtudes

- Sabedoria e Conhecimento.
- Coragem.
- Humanidade.
- Justiça.
- Temperança.
- Transcendência.

A partir da identificação das 6 virtudes, as forças de caráter foram definidas como caminhos utilizados para que essas virtudes se manifestem.

24 forças de caráter

As forças são características individuais que, quando exercitadas, trazem impacto positivo em diversas esferas da vida do indivíduo e contribuem para o seu desenvolvimento. Além disso, são traços de personalidade valorizados em quase todas as culturas do mundo.

24 FORÇAS DE CARÁTER

SABEDORIA	HUMANIDADE	JUSTIÇA	MODERAÇÃO	CORAGEM	TRANSCENDÊNCIA
CRIATIVIDADE					ADMIRAÇÃO DA BELEZA E EXCELÊNCIA
CURIOSIDADE			PERDÃO	BRAVURA	GRATIDÃO
AMOR AO APRENDIZADO	CURIOSIDADE	JUSTIÇA	HUMILDADE	INTEGRIDADE	ESPERANÇA
MENTE ABERTA	AMOR	LIDERANÇA	PRUDÊNCIA	PERSEVERANÇA	HUMOR
PERSPECTIVA	INTELIGÊNCIA EMOCIONAL	TRABALHO EM EQUIPE	AUTO-CONTROLE	VITALIDADE	ESPIRITUALIDADE

Fonte: da autora.

Entenda o que são as forças de assinatura

Nós possuímos todas as forças, mas algumas se destacam e as cinco primeiras são consideradas nossas forças de assinaturas. Elas são a nossa essência. Quando você as identifica e as aplica em suas atividades cotidianas, encontra mais entusiasmo, produtividade, satisfação e bem-estar nas tarefas que se propôs a fazer.

Quando as forças são usadas, o trabalho não é visto pelos colaboradores somente como um meio de subsistência, mas também como uma forma de viver o seu propósito e a sua missão de vida.

Aqui, eu coloco o passo a passo de como você pode fazer gratuitamente este poderoso teste de forças de caráter. Faça seu teste e aproveite para se encantar e explorar cada vez mais suas forças de assinatura.

- Acesse o site do VIA: www.viacharacter.org.
- Clique em: TAKE THE FREE VIA SURVEY.
- Selecione seu idioma (Português) e inclua suas informações pessoais como primeiro e último nomes, gênero e data de nascimento.

- Selecione a primeira opção: Eu quero preencher o VIA Survey of Character.
- Preencha um questionário com 120 perguntas e 5 alternativas possíveis.
- Clique em NEXT PAGE.
- Selecione as razões pelas quais está realizando a pesquisa em: Reasons for Taking the Survey, e clique em: COMPLETE SURVEY.
- Clique em DOWNLOAD YOUR FREE VIA Character Strengths Profile para realizar o download do seu relatório de forças.
- Acesse seu relatório de 24 forças em PDF.

3 – Liderança de si mesmo

Neste capítulo, na vida real, trabalhei comigo e tenho trabalhado com *coaches* usando outras ferramentas, mas selecionei uma bem conhecida do mundo empresarial que tem sido amplamente adaptada e usada no campo de autoconhecimento e entrada em ação, que é o SWOT PESSOAL. Neste exemplo, eu trago a brilhante contribuição do querido José Roberto Marques.

Antes, gostaria de recapitular o que já vimos até aqui; afinal, se vamos falar de autoliderança; precisamos de autoconhecimento. E sobre autoconhecimento, foi mais o que falamos até agora, certo?

Falamos sobre propósito de vida e a teoria do guarda-chuva reforçando a importância de equilibrarmos todos os aspectos de nossa vida. Apresentei uma das mais populares e simples, porém poderosa ferramenta, a Roda da Vida e suas 12 áreas para avaliarmos nossa satisfação pessoal e qual é nossa alavanca, ou seja, aquela área que se dermos mais atenção vai impactar positivamente todas as demais áreas de nossa vida. Falamos um pouco do teste mais comum para avaliação de perfil comportamental, o DISC, ferramenta incrível, que nos mostra nossos comportamentos observáveis. Comentei sobre outros que amamos usar, como o *Assessment Pré-coaching*, *Dream List* e Missão, mas a ferramenta que amo trabalhar os resultados é a de Virtudes e Forças de Caráter, que acabei de mencionar no capítulo anterior.

Por que estou resumindo tudo isso? Para reforçarmos que já temos bastante *assessment* para entendemos mais como somos, como estamos, aonde queremos chegar e que forças e estrutura temos para alcançarmos nossa melhor versão.

Como prometido, vamos falar então de SWOT Pessoal, ferramenta que foi criada entre as décadas de 1960 e 1970, na universidade de Stanford, nos Estados Unidos, pelo consultor de gestão e negócios Albert Humphrey.

A sigla **SWOT** é um acrônimo das palavras, em inglês:

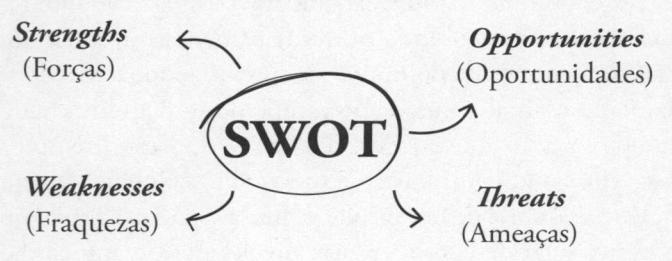

Strengths (Forças)

Opportunities (Oportunidades)

SWOT

Weaknesses (Fraquezas)

Threats (Ameaças)

Na prática, apresenta informações que ajudam a montar um cenário global tanto sobre a situação atual de uma empresa como a de um indivíduo.

O grande *ahã* aqui é que você responda à análise de SWOT Pessoal buscando entender suas forças, fraquezas, oportunidades e ameaças a fim de desenvolver seus pontos fortes e criar planos de ação para os pontos a serem melhorados; quem não os tem? Todos nós temos pontos a serem melhorados constantemente. Mas eu sempre reforço, vamos focar naquilo que já somos muitos bons para ficarmos cada vez melhores, tá bom? Às vezes, não precisamos lutar tanto por aquilo que não somos muito bons. Meu exemplo: eu me considero uma ótima mestre de cerimônias, tenho uma voz maravilhosa (modéstia passou longe rsrs), mas sou uma péssima cantora, minha voz é uma vergonha cantando. Amo ser MC, mas não tenho nenhuma vocação nem vontade de ser cantora; logo, não preciso ficar treinando horas e horas, dias ou anos naquilo que não sou tão boa e que talvez nunca seja, mas, sim, devo focar naquilo que tenho certo talento para ficar cada vez melhor. E isso eu tenho feito como MC, atualizando minhas técnicas, fazendo novos cursos etc.

Abaixo, deixo um modelo de SWOT Pessoal, apenas para sintetizar a ferramenta, mas recomendo que você desenvolva a sua e acrescente outras perguntas que façam sentido com o seu momento atual e que leve a criar planos para entrada em ação.

Análise SWOT pessoal

Forças	Oportunidades
Quais são suas primeiras cinco forças de caráter (ver resultado teste VIA)? Liste suas três melhores habilidades. Liste seus conhecimentos, experiências e formações.	Liste as oportunidades que você tem na sua área de atuação. Liste as tendências de sua área. Que outro mercado você pode explorar?
Fraquezas	**Ameaças**
Quais os seus pontos de melhoria? O que você irá fazer a partir de amanhã para melhorá-los?	O que, na sua vida, pode impedir você de alcançar seus propósitos de vida? Liste os três principais obstáculos que podem prejudicar seus planos.

4 – *Estratégias*

Este é nosso 4º e último módulo. Reforço que todos os passos até aqui são uma construção e experimentação. Precisamos imergir nas ferramentas de tal forma que elas nos auxiliem quanto ao autoconhecimento, à identificação de forças e pontos a melhorar, à revisitação dos nossos dons e talentos, e aos planos para entrarmos em ação e alcançarmos a melhor versão de nós mesmos.

Neste módulo, trago um pouco da minha experiência no Vale do Silício e como o ambiente favorável para criação, cocriação, inovação, empreendedorismo, tecnologia e ecossistema do Vale são realmente incríveis e não tem como não mudarmos o nosso *mindset* para melhor.

Nesta experiência, levei em consideração o estudo do Fórum Econômico Mundial de 2020, o qual apontava as 11 *soft skills* mais desejadas pelas organizações até 2025.

O que são as soft skills?

- *Soft skills* são uma combinação de habilidades interpessoais, habilidades sociais, habilidades de comunicação, traços de caráter, atitudes, atributos de carreira e inteligência emocional.
- O inglês define "*soft skills*" como as "boas habilidades" que independem de sua escolha profissional. A capacidade de se comunicar com as pessoas e desenvolver uma atitude positiva, por exemplo.
- Para as empresas que procuram melhores talentos em um mercado de trabalho competitivo, as *soft skills* estão em alta demanda, mas baixa oferta.
- Habilidades que destacam profissionais.

Características fundamentais das *soft skills:*

- Estados emocionais e circunstâncias externas.
- Esta habilidade é portátil e valiosa para qualquer trabalho.
- Dominar essa habilidade é uma jornada contínua.
- Pratique a polidez.
- Colabore mais.
- Conheça a si mesmo.
- Aprenda a categorizar os obstáculos.
- Seja bom em administrar o estresse.

- Sempre esteja aprendendo.
- Habilidade organizacional.

De posse dessas informações, realizei uma pesquisa com brasileiros no Vale do Silício, em que buscava saber quais estratégias haviam usado para preparar suas carreiras até serem profissionais de sucesso.

Uma das minhas perguntas era para saber quais da lista de dez *soft skills* apontadas pelo Fórum Mundial eles observavam que eram praticadas em suas empresas. Como estratégias organizacionais, muitas das empresas de tecnologia do Vale buscam profissionais que apresentam *soft skills* como: habilidades de liderança, comunicação, colaboração, adaptabilidade e resolução de problemas.

Entre outras perguntas, foquei no ponto crucial para eles chegarem a esse resultado. "De toda sua formação, qual delas foi a estratégia principal para que você alcançasse o sonho de sua carreira no Vale do Silício?". Acima de 90% responderam que foi ter focado no desenvolvimento do idioma inglês. Isso me chamou a atenção para a importância das estratégias pessoais quando temos um objetivo bem definido. Repito o que já falei antes: a importância de termos FOCO, AÇÃO e RESULTADOS.

Seja qual for seu objetivo principal – seus sonhos, seu propósito –, ter uma estratégia pessoal bem clara e com metas possíveis é extremamente importante para o alcance dos resultados e sucesso na sua busca pelo autoconhecimento e do seu propósito de vida e carreira!

Referências

CANAL DA FELICIDADE. *6 virtudes e 24 forças de caráter: o que você e o mundo possuem de melhor.* Disponível em: <https://canaldafelicidade.com.br/6-virtudes-e-24-forcas-de-carater/>. Acesso em: 24 maio de 2023.

SELIGMAN, M. E. P. *Felicidade autêntica: use a psicologia positiva para alcançar todo seu potencial.* 2. ed. Rio de Janeiro: Objetiva, 2019.